mein Landleben

Kleine Törtchen

Kunstwerke zum Vernaschen

Kleine Törtchen

Kunstwerke zum Vernaschen

mein Landleben

Impressum

Gestaltung und Satz: Ravenstein, Verden
Lektorat: Regina Rautenberg

Titelfoto: Irina Frank
Fotos im Innenteil: Irina Frank

Druck: Westermann Druck, Zwickau

Deutsche Nationalbibliothek – CIP-Einheitsaufnahme
Die Deutsche Nationalbibliothek verzeichnet diese Publikation in der Deutschen Nationalbibliografie; detaillierte bibliografische Daten sind im Internet über http://dnb.ddb.de abrufbar.

Printed in Germany

ISBN 978-3-8404-3516-4

Vorwort

Haben Sie Lust auf ein buntes Kaschka-Malaschka-Törtchen oder lieber auf Arancello-Mangostane-Törtchen? Wie wäre es mit Stachelbeer-Nuss-Rhomben, Maracuja-Wein-Törtchen oder Kumquat-Feigen-Törtchen? Haben Sie Lust auf kleine süße Leckereien, deren sahnig-cremige Füllungen die Geschmacksknospen jedes Feinschmeckers in Wallung bringen? Sie werden überrascht sein – hier finden Sie Geschmackserlebnisse, die Sie zuvor noch nicht kennengelernt haben! Das Geheimnis liegt in der fantastischen Kombination der Zutaten sowie in der liebevollen Zubereitung.

Hier findet jeder Hobbybäcker einen süßen Favoriten für besonders feierliche Anlässe, wie zum Beispiel Taufen, Hochzeiten oder Geburtstage. Obwohl die Törtchen außergewöhnlich und kompliziert aussehen, gelingen sie trotzdem jedem und sind einfach ideal, wenn Sie einen kleinen Haushalt haben. So können Sie Ihre Liebsten immer wieder mit großer Vielfalt an Köstlichkeiten überraschen. Und seien Sie sicher, man wird Sie nach dem Rezept fragen.

Alle Rezepte sind beispielhaft bebildert, so können Sie sich schon vor der Zubereitung von der Einzigartigkeit beeindrucken lassen und sich entscheiden. Das Auge isst bekanntlich mit, deshalb sind die Törtchen liebevoll, unwiderstehlich und fantasievoll verziert worden. Jedes Törtchen gleicht einem Kunstwerk. Sie haben die Qual der Wahl. Aber jeder wird hier sein Lieblingstörtchen finden.

Inhalt

Tipps und Tricks
zum Gelingen der Törtchen

Ob Cremetörtchen, eine Biskuitroulade unter aromatischem Likörfondant oder Törtchen mit saftigen Beeren und gezuckerten duftenden Blumen, alle erfordern zwar etwas mehr Aufwand und Geschick, sind aber auch ohne Fachkenntnissen leicht zu schaffen. Trotzdem gibt es ein paar Grundregeln, die jeder beachten sollte:

Backutensilien

Für das schnelle Zubereiten der süßen Köstlichkeiten sind die richtigen Utensilien von entscheidender Bedeutung. Sie erleichtern Ihnen die Arbeit und helfen Ihnen, im Nu köstliche Teige und Cremes herzustellen. Kleine und große Helfer in der Backstube sind immer willkommen. Manche Backutensilien hat jede Hausfrau in ihrer Küche parat, manche sollte man sich zulegen. Sie sind in gut sortierten Haushaltsgeschäften, Supermärkten oder Kaufhäusern erhältlich. Viele Dinge können natürlich auch über das Internet bestellt werden. Diese Küchenhelfer sollten nicht fehlen:

- elektrisches Handrührgerät mit Rührbesen und Knethaken für Cremes, Sahne und Teige
- Rührschüsseln in verschiedenen Größen
- Backform mit hohem Rand, 25 x 37 cm
- variabler Backrahmen, damit die sahnigen Füllungen der Torten in Form gehalten werden und nicht herauslaufen können
- Muffinsform
- Backförmchen aus Papier und Folie
- kleine und große Dessertringe, Ø 6 cm und Ø 7 cm
- verschiedene Ausstechformen
- ein Spritzbeutel mit verschiedenen Aufsätzen zum Auswaschen oder Einweg-Spritzbeutel
- Zestenreißer, um Zitronen- und Orangenschalen in feinen Streifen abzuziehen
- scharfe Haushaltsreibe
- Backpinsel
- Kurzzeitwecker

Backofentemperatur

Die Teige werden grundsätzlich im vorgeheizten Backofen bei Ober-/Unterhitze gebacken. Halten Sie sich an die angegebene Temperaturangabe für das bessere Gelingen. Für Heißluft und Gasherde beachten Sie bitte die Angaben in Ihrer Bedienungsanleitung.

Eier

Verwenden Sie immer frische Eier aus Freilandhaltung, am besten von einem Bauern in Ihrer Nähe. In diesem Buch werden ausschließlich Eier der Größe M genommen.

Verzierungen

Beim Verzieren der Törtchen lassen Sie Ihrer Fantasie freien Lauf und verschönern Sie Ihre Backschätzchen nach Lust und Laune. Es sollte nicht immer alles perfekt sein. Sehr hilfreich sind dabei die Lebensmittelfarben für die Färbung von Zuckerglasuren, Teigen und Marzipan. Um eine gewünschte Farbe zu erhalten, geben Sie immer zuerst nur einige Tropfen hinzu. Zu grelle Farben schrecken eher ab als pastellfarbene. In den Supermärkten gibt es auch eine große Auswahl an Schoko- und Zuckerdekor. Außergewöhnliche und besonders hübsche Deko-Ideen wie beispielsweise Blumen, Blätter, kleine Bienen oder Kätzchen, Bärchen in Booten, Marzipanfiguren oder Schoko-Ornamente kann man im Internet unter www.hobbybaecker.de und www.guenthart.de bestellen. Dort finden alle Hobbybäcker neue Anregungen.

Teige tränken

Wenn Sie zum Tränken keinen Alkohol verwenden möchten, nehmen Sie dann einfach Fruchtsäfte oder Sirupe. Ihrer Kreativität sind hier keine Grenzen gesetzt. Selbstverständlich verzichten Sie auf Alkohol, wenn die Törtchen für Kinder zubereitet werden.

Verpackung

Aber nicht nur die Verzierung ist wichtig, sondern auch die Präsentation des Backwerkes. Denn die Törtchen sind auch tolle Mitbringsel und Geschenke. Werfen Sie deshalb keine schöne Pralinenschachtel oder Döschen weg. Mit etwas Fantasie, können Sie sie mit hübschen Geschenkpapier verpacken, die Törtchen in die Schachtel oder Dose setzen und so verschenken. Sie können die Törtchen auch in selbst gemachten Papierringe aus Wellpappe, Seidenpapier oder buntem Karton setzen.

Küchenmaschine

Für alle, die gern und viel backen, lohnt sich die Anschaffung einer Küchenmaschine. Sie ist perfekt für die schnelle Herstellung des Kuchenteigs sowie für die Zubereitung der Cremes oder für das Schlagen von Sahne. Außerdem eignet sie sich auch für die Zubereitung von größeren Mengen.

Küchenwaage

Um die genaue Menge der Zutaten abzuwiegen, sollte man unbedingt eine Waage im Haushalt haben. Am besten geeignet ist eine digitale Küchenwaage mit Zuwiegefunktion, denn sie wiegt grammgenau.

Wasserbad

Suchen Sie sich die Schüsseln – am besten aus Edelstahl – aus, die richtig gut ineinanderpassen, damit man darin Schokoladenglasuren oder Zuckerglasuren im Wasserbad problemlos schmelzen kann. Es darf dabei kein Wasser in die Glasur oder Schokolade gelangen. Übrigens, das Wasser darf nicht kochen, wenn Sie die Schüssel in das Wasserbad stellen.

Abkürzungen

abger. = abgerieben
EL = Esslöffel
g = Gramm
gestr. = gestrichen
l = Liter
ml = Milliliter
Pck.: = Päckchen
TL = Teelöffel

Rezepte

Arancello-Mangostane-Törtchen

Arancello-Mangostane-Törtchen

Backform mit hohem Rand: 25 x 37 cm

Zutaten: (für 7 Stück)

Für die Arancello-Mangostane-Creme:
4 Mangostane | 150 g weiche Butter | 150 g Puderzucker | 150 g Mascarpone |
3 EL Arancello (Orangenlikör) | abger. Schale von 2 Bio-Orangen

Für den Biskuit:
3 Eier | 50 g Zucker | 3–4 Tropfen Backaroma Orange | 65 g Mehl

Für den aromatischen Likörfondant:
225 g Puderzucker | 1–2 EL Arancello (Orangenlikör)

Außerdem:
100 g Aprikosenmarmelade | Zuckerschrift in Tuben (rot, blau, gelb, grün) |
Zuckerblumen

Zubereitung:

1. Für die Creme Schale der Mangostane aufschneiden und das Fruchtfleisch herauslösen, klein schneiden oder pürieren. Weiche Butter schaumig schlagen. Puderzucker und Mascarpone dazugeben und alles gut vermengen. Likör, Orangenschale und Mangostane hinzufügen und weiterrühren, bis die Masse dick und cremig ist. Kalt stellen.
2. Für den Biskuit Eier trennen. Eiweiß zu steifem Schnee schlagen. Zucker nach und nach zugeben und so lange weiterschlagen, bis der Eischnee glänzend ist. Verquirltes Eigelb und Backaroma dazugeben. Mehl sieben und locker unterheben.
3. Die Backform mit Backpapier auslegen und dünn einfetten. Die Biskuitmasse daraufstreichen. Im vorgeheizten Backofen bei 200 °C Ober-/Unterhitze etwa 8 Minuten backen.
4. Den Biskuit sofort auf ein feuchtes Küchentuch stürzen und das Backpapier abziehen. Den Biskuit von der breiten Seite her rasch aufrollen und im Küchentuch auskühlen lassen.
5. Den Biskuit vorsichtig abrollen, mit Creme bestreichen und wieder aufrollen. In Alufolie einwickeln und 1 Stunde kalt stellen.
6. Für den aromatischen Likörfondant Puderzucker in ein Schälchen geben, Likör hinzufügen und alles glatt verrühren.
7. Aprikosenmarmelade in einem kleinen Topf erwärmen.
8. Die Biskuitroulade in 7 Stücke schneiden und senkrecht aufstellen.
9. Jedes Törtchen dünn mit heißer Aprikosenmarmelade bestreichen und etwas antrocknen lassen. Aromatischen Likörfondant mit einem Esslöffel so auf die Törtchen geben, dass er von allen Seiten dick heruntertropft.
10. Mit bunter Zuckerschrift Blumen, Schleifen oder Linien auf den Likörfondant malen. Oben 2 Zuckerblumen hineinstecken.

Pro Stück: 630 Kilokalorien, 5 g Eiweiß, 31 g Fett, 87 g Kohlenhydrate

Blaues Heidelbeertörtchen mit Libelle

Backform mit hohem Rand: 25 x 37 cm

Zutaten: (für 12 Stück)

Für den Biskuit:
3 Eier I 50 g Zucker I 3–4 Tropfen Backaroma Rum I 65 g Mehl I ca. 2 EL Puderzucker zum Bestäuben

Für die Heidelbeercreme:
3 Blatt Gelatine I 200 g Crème double I 2 EL Puderzucker I 150 g Heidelbeeren

Für die blaue Sahnecreme:
7 Blatt Gelatine I 150 g Sauerrahm I 80 g Zucker I 200 g Schlagsahne I
1–2 Tröpfchen blaue Speisefarbe

Für den aromatischen Likörfondant:
200 g Puderzucker I 2 EL Curaçao blue I 1–2 Tröpfchen blaue Speisefarbe

Für die Verzierung:
12 essbare Seerosen (zu bestellen unter www.hobbybaecker.de) I
nach Wunsch 12 Marzipanlibellen selbst machen

Zubereitung:

1. Für den Biskuit Eier trennen. Eiweiß zu steifem Schnee schlagen. Zucker nach und nach zugeben und so lange weiterschlagen, bis der Eischnee glänzend ist. Verquirltes Eigelb und Backaroma dazugeben. Mehl sieben und locker unterheben.
2. Die Backform mit Backpapier auslegen und dünn einfetten. Die Biskuitmasse daraufstreichen. Im vorgeheizten Backofen bei 200 °C Ober-/Unterhitze etwa 8 Minuten backen.
3. Biskuit sofort auf ein feuchtes Küchentuch stürzen und das Backpapier abziehen. Biskuit von der breiten Seite her rasch aufrollen und im Küchentuch auskühlen lassen.
4. Für die Heidelbeercreme Gelatine nach Packungsanweisung einweichen. Crème double mit Puderzucker steif schlagen. Eingeweichte Gelatine ausdrücken und im heißen Wasserbad auflösen. 2–3 EL Crème double zur Gelatine geben und gut unterrühren. Dann mit der restlichen Crème double verrühren. Heidelbeeren zur Creme geben, alles gut vermengen und etwa 5 Minuten kalt stellen.
5. Biskuit auseinanderrollen, mit der Heidelbeercreme bestreichen und wieder aufrollen. In Alufolie einwickeln und 1 Stunde kalt stellen.
6. Aus Backpapier 12 Streifen ausschneiden und zur Seite legen.
7. Die Biskuitroulade aus dem Kühlschrank nehmen, die Alufolie entfernen. Die Roulade mit Puderzucker bestäuben und in 12 Stücke schneiden. Jedes Stück auf die Schnittseite aufstellen. Die Törtchen ringsum mit Backpapierstreifen umwickeln und mit Klebestreifen festkleben.

→

Blaues Heidelbeertörtchen mit Libelle

8. Für die blaue Sahnecreme Gelatine nach Packungsanweisung einweichen. Sauerrahm mit dem Zucker verrühren. Schlagsahne steif schlagen.
9. Gelatine ausdrücken und im Wasserbad auflösen. Etwas Sauerrahm unterrühren, dann mit dem Rest verrühren. Schlagsahne dazugeben und unterrühren. Mit Speisefarbe hellblau einfärben.
10. Die Creme mit einem Esslöffel auf die Törtchen geben und 1 Stunde kalt stellen.
11. Für den Likörfondant Puderzucker mit Curaçao blue gut vermischen. Eventuell mit ein paar Tropfen blauer Speisefarbe hellblau einfärben.
12. Die Törtchen aus dem Kühlschrank holen und die Backpapierstreifen entfernen. Den Likörfondant auf die Törtchen geben. Mit Seerosen und Libellen verzieren. Kalt aufbewahren.

Pro Stück: 320 Kilokalorien, 5 g Eiweiß, 16 g Fett, 37 g Kohlenhydrate

Stachelbeer-Mandel-Rhomben

Stachelbeer-Mandel-Rhomben

Backform mit hohem Rand: 25 x 37 cm Tortenrahmen

Zutaten: (für ca. 15 Stück)

Für die Schoko-Mandel-Creme:
6 Blatt weiße Gelatine | 500 ml Milch | 1 Pck. Schoko-Mandel-Pudding | 3 EL Zucker

Für den Teig:
50 g weiche Butter | 70 g Zucker | 1 Pck. Vanillezucker | 2 Eier | 100 g Schmand | 100 g gehackte, geröstete Mandeln | 150 g Mehl | 1 TL Backpulver | 2 EL Panierbrösel (vom Bäcker)

Zum Tränken:
1 kleine Tasse Espresso | 3 EL Kaffeelikör

Für die Verzierung:
200 g Schlagsahne | 1 Pck. Sahnesteif | 1–2 TL Kakaopulver | 1 Glas gezuckerte Stachelbeeren (Abtropfgewicht: 360 g) | 150 g Zucker | ca. 8 Pck. Schokostäbchen (Streifen und Ornament, www.hobbybaecker.de)

Zubereitung:

1. Für die Schoko-Mandel-Creme Gelatine nach Packungsanweisung einweichen. Aus Milch, Puddingpulver und Zucker nach Packungsanweisung einen Pudding kochen. Gelatine ausdrücken, zum heißen Pudding geben und alles verrühren. Abkühlen lassen.
2. Für den Teig Butter schaumig rühren. Zucker und Vanillezucker hinzufügen und weiterschlagen. Eier, Schmand und geröstete Mandeln unterrühren. Mehl und Backpulver mischen, sieben, zugeben und alles gut vermengen.
3. Die Backform mit Backpapier auslegen und fetten. Einen Streifen Alufolie quer in die Backform legen. Den Teig auf die Hälfte der Form geben und glatt streichen. Im vorgeheizten Backofen bei 180 °C Ober-/Unterhitze 17–20 Minuten backen.
4. Den Tortenboden herausnehmen, abkühlen lassen und quer halbieren. Eine Hälfte auf die mit Paniermehl ausgestreute Platte legen und einen Tortenrahmen darumstellen. Den Tortenboden mit Espresso und Kaffeelikör gut tränken. Die Hälfte der Schoko-Mandel-Creme daraufstreichen. Die zweite Hälfte des Tortenbodens daraufsetzen und etwas andrücken. Die restliche Creme daraufgeben und glatt streichen. 1 Stunde kalt stellen.
5. Für die Verzierung Schlagsahne steif schlagen, dabei Sahnesteif einrieseln lassen. Kakao zugeben und gut unterrühren. Kalt stellen.
6. Stachelbeeren gut abtropfen lassen.
7. Für die Karamellfäden Alufolie mit Öl bestreichen. Zucker in einem Topf schmelzen und etwas bräunen. Mit einem Esslöffel Fäden auf die Folie geben und fest werden lassen.
8. Die Torte aus dem Kühlschrank nehmen und den Tortenrahmen entfernen. Die Torte in 15 kleine Rhomben schneiden. Die Seiten mit Kakaosahne bestreichen und die Schokostäbchen an die Ränder drücken. Stachelbeeren darauf verteilen und mit den Karamellfäden verzieren. Bis zum Verzehr kalt stellen.

Pro Stück: 570 Kilokalorien, 9 g Eiweiß, 31 g Fett, 62 g Kohlenhydrate

Beerentraumschatulle

Backform mit hohem Rand: 25 x 37 cm, 1 Dessertring (Ø 6 cm), 15 Dessertringe (Ø 7 cm)

Zutaten: (für 15 Stück)

Für die Kassetten:
3 Stück Abziehfolie für Schokolade (je 37 x 24,5 cm, zu bestellen unter www.guenthart.de) I 300–400 g Vollmilchschokolade

Für den Teig:
2 Eier I 50 g Zucker I 50 g weiche Butter I abger. Schale von 1 Bio-Orange I 100 g Mehl I ½ Pck. Backpulver

Zum Tränken:
100 ml Orangensaft I 3 EL Orangenlikör

Für die Vanillecreme:
900 ml kalte Milch I 3 Pck. Dessertpulver „Paradiescreme Vanillegeschmack“

Zum Verzieren:
500–700 g gemischte Beeren (Himbeeren, Brombeeren, Rote Johannisbeeren, Heidelbeeren)

Zubereitung:

1. Für die Kassetten zuerst die Abziehfolie in 15 Streifen (19 cm lang und 4 cm breit) und 15 Kreise (Ø 6 cm) schneiden.
2. Schokolade fein hacken und im heißen Wasserbad schmelzen lassen.
3. Schokolade auf die Folienstreifen und Kreise auftragen und glatt streichen. Etwas abkühlen lassen. Die Folienstreifen in die Dessertringe (Ø 7 cm) hineingeben. Kalt stellen.
4. Für den Teig Eier und Zucker in einer Rührschüssel cremig schlagen. Sehr weiche Butter und Orangenschale dazugeben und alles gut verrühren. Mehl und Backpulver mischen, sieben und zur Ei-Zucker-Masse hinzufügen. Alles zu einem glatten Teig verrühren.
5. Die Backform mit Backpapier auslegen. Den Teig in die Form geben und glatt streichen. Im vorgeheizten Backofen bei 200 °C Ober-/Unterhitze etwa 8 Minuten backen. Herausnehmen und abkühlen lassen.
6. Aus dem Teig mit einem Dessertring (Ø 6 cm) Kreise ausstechen. Die kalten Dessertringe mit den Schokoladenabziehfolienstreifen aus dem Kühlschrank nehmen, Teigkreise vorsichtig hineinlegen. Orangensaft und -likör mischen und den Teig damit tränken.
7. Für die Vanillecreme kalte Milch und das Dessertpulver aufschlagen.
8. Beeren waschen und vorsichtig trocken tupfen. (Achtung: Himbeeren nicht waschen!)

→

Beerentraumschatulle

Beerentraumschatulle

9. Etwas Creme mithilfe eines Spritzbeutels in den Dessertringen verteilen. Einige Beeren darauflegen und den Dessertring mit der übrigen Vanillecreme auffüllen. Nach Wunsch die restlichen Beeren in Zucker wälzen und auf die Törtchen verteilen. Kalt stellen.
10. Vor dem Servieren die Dessertringe vorsichtig hochziehen und die Folienstreifen entfernen. Von den Kreisen auch Schokoladenabziehfolie vorsichtig abziehen und als Deckelchen oben auf das Törtchen auflegen.

Pro Stück: 270 Kilokalorien, 5 g Eiweiß, 12 g Fett, 36 g Kohlenhydrate

Maracuja-Wein-Törtchen

Backblech: 30 x 40 cm, evtl. bunte Muffinförmchen aus Papier

Zutaten: (für ca. 6 Stück)

Für die Maracuja-Weincreme:
12 Blatt weiße Gelatine I 1 Bio-Zitrone I 2 Eier I 50 g Zucker I 125 ml Roséwein I 5 Maracujas I 100 g Schlagsahne

Für den Biskuit:
5 Eier I 150 g Zucker I 2–3 Tropfen Backaroma Zitrone I 125 g Mehl

Für die Verzierung:
500 g Schlagsahne I 2 Pck. Sahnesteif I 2 Pck. Vanillezucker I violette und gelbe Speisefarbe I Zuckerperlen I Schokotaler (selbst gemacht, siehe Brombeer-Maracuja-Törtchen, Seite 36)

Zubereitung:
1. Für die Creme Gelatine nach Packungsanweisung einweichen.
2. Zitronenschale abreiben und die Zitrone auspressen. Eier trennen.
3. Eigelb, Zucker, Zitronenschale, Roséwein und Zitronensaft in einem Topf verrühren und aufkochen. Den Topf vom Herd nehmen. Eingeweichte Gelatine ausdrücken und in der heißen Creme unter Rühren auflösen. Maracujas halbieren, das Fruchtfleisch mit einem Löffel herauskratzen und zur Weincreme geben. Alles gut verrühren und abkühlen lassen.
4. Eiweiß steif schlagen und zur Maracuja-Wein-Creme geben. Alles gut vermengen und 1 Stunde kalt stellen.
5. Für den Biskuit Eier trennen. Eiweiß zu steifem Schnee schlagen. Zucker nach und nach zugeben und so lange weiterschlagen, bis der Eischnee glänzend ist. Eigelb verquirlen und Backaroma dazugeben. Mehl sieben und locker unterheben.
6. Das Backblech mit Backpapier auslegen und dünn einfetten. Die Biskuitmasse daraufstreichen. Im vorgeheizten Backofen bei 200 °C Ober-/Unterhitze 8–10 Minuten backen.
7. Den Biskuit sofort auf ein feuchtes Küchentuch stürzen und das Papier abziehen. Biskuit von der breiten Seite her rasch aufrollen und im Küchentuch auskühlen lassen.
8. 100 g Schlagsahne steif schlagen und unter die gelierte Maracuja-Weincreme heben. Den Biskuit auseinanderrollen, mit der Creme bestreichen und wieder fest aufrollen. In Alufolie einwickeln und 1 Stunde kalt stellen.
9. Für die Verzierung Schlagsahne steif schlagen, dabei Sahnesteif und Vanillezucker einrieseln lassen. Die Sahne zu zwei Dritteln violett, den Rest gelb färben.
11. Die Biskuitroulade aus dem Kühlschrank nehmen, Alufolie entfernen und die Roulade in 6 Stücke schneiden. Ringsum dünn mit violetter Schlagsahne bestreichen. Die Törtchen vorsichtig aufstellen und nach Wunsch in bunte Muffinförmchen aus Papier setzen. Die übrig gebliebene violett sowie gelb gefärbte Sahne in 2 Spritzbeutel füllen und abwechselnd auf die Biskuittörtchen aufspritzen. Mit Zuckerperlen und Schokotalern verzieren und kalt stellen.

Pro Stück: 790 Kilokalorien, 18 g Eiweiß, 43 g Fett, 77 g Kohlenhydrate

Maracuja-Wein-Törtchen

Marakuja-Wein-Törtchen

Tipp

Wer keine Schokotaler selbst machen möchte, verwendet für die Verzierung Schokodekor, das in allen großen Supermärkten erhältlich ist.

Johannisbeer-Kokos-Törtchen

Johannisbeer-Kokos-Törtchen

Springform Ø 26 cm
(für 8 Stück)

Zutaten:

Für den Mandelteig:
150 g weiche Butter I 150 g Zucker I 4 Eier I 200 g gemahlene Mandeln I
1 TL Backpulver I 2–3 Tropfen Backaroma Bittermandel

Für die Mascarponecreme:
12 Blatt Gelatine I 600 g Mascarpone I 300 g Vollmilchjoghurt I 125 g Zucker I
500 g Rote Johannisbeeren

Für den Guss:
1 Pck. roter Tortenguss I 20 g Zucker I 1/8 I Johannisbeersaft I 1/8 I Wasser

Für die Verzierung:
300 g Schlagsahne I 1 Pck. Vanillezucker I 1 Pck. Sahnesteif I ca. 50 g Kokoschips I
ca. 16 Physalis I ca. 16 blaue kernlose Weintrauben I 2–3 reife Feigen I 3 EL Honig

Zubereitung:
1. Für den Teig Butter und Zucker in einer Schüssel schaumig schlagen. Eier einzeln unterrühren. Mandeln, Backpulver und Backaroma hinzufügen und unterrühren.
2. Den Boden der Springform fetten, den Teig einfüllen und glatt streichen. Im vorgeheizten Backofen bei 175 °C Ober-/Unterhitze etwa 25 Minuten backen. Auskühlen lassen.
3. Für die Creme Gelatine nach Packungsanweisung einweichen. Mascarpone, Joghurt und Zucker gut verrühren. Johannisbeeren waschen, abtropfen lassen und zur Creme geben.
4. Eingeweichte Gelatine ausdrücken und im warmen Wasserbad auflösen. Etwas Creme zur Gelatine geben und gut verrühren. Dann die restliche Creme hinzufügen und alles gut vermengen. Die Creme auf den Tortenboden geben und glatt streichen. Etwa 30 Minuten kalt stellen.
5. Aus Tortengusspulver, Zucker, Johannisbeersaft und Wasser nach Packungsanweisung einen Guss zubereiten. 1 Minute abkühlen lassen. Den Guss gleichmäßig auf die Creme geben. Die Torte 1 Stunde in den Kühlschrank stellen.
6. Den Springformrand lösen und entfernen. Die Torte in 8 große Stücke schneiden.
7. Schlagsahne steif schlagen, dabei Vanillezucker und Sahnesteif einrieseln lassen.
8. Die Törtchen ringsum dünn mit Schlagsahne bestreichen und Kokoschips andrücken.
9. Physalis und Weintrauben halbieren. Feigen in dünne Scheiben schneiden. Die Früchte dekorativ auf die Törtchen legen. Vor dem Servieren Honig in einem kleinen Topf erhitzen und mit einem Teelöffel über die Törtchen geben.

Pro Stück: 1100 Kilokalorien, 18 g Eiweiß, 85 g Fett, 66 g Kohlenhydrate

Snowy roses

Backform mit hohem Rand: 25 x 37 cm, Backrahmen

Zutaten: (für 15 Stück)

Für die Creme:
200 ml kalte Milch I 1 Pck. Dessertpulver „Kokos-Sahnelikör-Mousse"

Für den Kokos-Mandel-Teig:
150 g weiche Butter I 160 g brauner Zucker I 1 Pck. Vanillezucker I 4 Eier I
500 g reife Bananen I 2 EL Kokoslikör I 1 Pck. Orangenschale I
100 g gemahlene Mandeln I 250 g Mehl I 100 g Kokosraspel I 2 TL Backpulver

Zum Tränken:
¼ l Rosenblütensirup (oder knapp ¼ l Milch und 4 EL Kokoslikör)

Für die Verzierung:
600–800 g Schlagsahne I 3 Pck. Sahnesteif I 200 g Kokosraspel I 10–18 Rosenblüten I
1 Eiweiß I 50 g Zucker I Zuckerperlen I Schneeflockendekor

Zubereitung:

1. Aus der Milch und dem Dessertpulver nach Packungsanweisung eine Creme zubereiten. Mit Frischhaltefolie abdecken und in den Kühlschrank stellen.
2. Für den Teig Butter, Zucker und Vanillezucker schaumig schlagen. Eier nach und nach unterrühren.
3. Bananen schälen und mit einer Gabel fein zerdrücken, Kokoslikör zugeben und untermischen.
4. Die restlichen Teigzutaten mischen und esslöffelweise unter die Bananenmasse geben. Alles gut verrühren.
5. Die Backform mit Backpapier auslegen und dünn einfetten. Den Teig in die Backform geben und glatt streichen. Im vorgeheizten Backofen bei 175 °C Ober-/Unterhitze 35–40 Minuten backen. Abkühlen lassen.
6. Den Boden einmal waagerecht durchschneiden und dann jede Hälfte einmal senkrecht durchschneiden. So erhalten Sie 4 dünne Tortenböden.
7. Den ersten Tortenboden auf eine Platte legen und einen Backrahmen darumstellen. Etwas Kokoscreme auf dem Tortenboden verteilen.
8. Den zweiten Tortenboden darauflegen, etwas andrücken und mit Rosenblütensirup tränken. Dann etwas Kokoscreme auf dem Tortenboden verteilen und den dritten Tortenboden darauflegen. Wieder tränken und die restliche Kokoscreme daraufgeben. Den letzten Tortenboden oben auflegen und etwas andrücken. Die geschichtete Torte mit Frischhaltefolie abdecken und über Nacht kalt stellen.
9. Den Backrahmen lösen, die Frischhaltefolie entfernen und die Torte in Stücke (etwa 6 x 5 cm) schneiden.
10. Die Schlagsahne mit Sahnesteif in der Küchenmaschine oder portionsweise mit dem Handrührgerät steif schlagen.

11. Die Törtchen mit wenig Schlagsahne ringsum bestreichen und mit Kokosraspeln bestreuen. Die übrige Schlagsahne in einen Spritzbeutel mit Lochtülle füllen und Tuffs auf die Törtchen spritzen.
12. Für die Zuckerrosen Blüten und Blätter vorsichtig abspülen und trocken tupfen. Das Eiweiß leicht anschlagen, mit einem Pinsel auf die Blüten streichen und diese so lange im Zucker wälzen, bis er am Eiweiß hängen bleibt. Die Blätter in Eiweiß tauchen und im Zucker wenden. Die Blumen und Blütenblätter auf Backpapier legen und an einem warmen Ort trocknen lassen.
13. Die Törtchen mit gezuckerten Rosen, Blütenblättern, Zuckerperlen und Schneeflockendekor garnieren.

Pro Stück: 440 Kilokalorien, 7 g Eiweiß, 28 g Fett, 37 g Kohlenhydrate

Kumquat-Feigen-Törtchen in Kokoschips

Kumquat-Feigen-Törtchen in Kokoschips

Backform mit hohem Rand: 25 x 37 cm, Muffinförmchen aus Papier

Zutaten: (für ca. 7 Stück)

Für die Kumquatcreme:
150 g weiche Butter I 150 g Puderzucker, gesiebt I 150 g Crème fraîche I
3 EL Kruskovac (Birnenlikör oder Marillenlikör) I fein abger. Schale von 2 Bio-Orangen I
4 Kumquats I 2 EL Honig

Für den Biskuit:
3 Eier I 50 g Zucker I 3–4 Tropfen Backaroma Orange I 65 g Mehl

Außerdem:
300 g Schlagsahne I 1 Pck. Vanillezucker I 1 Pck. Sahnesteif I rote Speisefarbe I
50 g Kokoschips I 1 Becher Götterspeise (rot) I 1 Dose gezuckerte grüne Feigen
(Abtropfgewicht: 210 g)

Zubereitung:

1. Für die Creme weiche Butter schaumig schlagen. Puderzucker und Crème fraîche dazugeben und alles gut vermengen. Likör und Orangenschale hinzufügen und weiterrühren, bis die Masse dick und cremig ist.
2. Kumquats waschen, trocken tupfen und klein schneiden. Honig aufkochen, Kumquats dazugeben und etwa 1 Minute darin erhitzen. Kumquats aus dem Honig nehmen und zur Creme geben. Alles gut verrühren und erkalten lassen.
3. Für den Biskuit Eier trennen. Eiweiß zu steifem Schnee schlagen. Zucker nach und nach zugeben und so lange weiterschlagen, bis der Eischnee glänzend ist. Verquirltes Eigelb und Backaroma dazugeben. Mehl sieben und locker unterheben.
4. Die Backform mit Backpapier auslegen. Das Backpapier dünn mit Butter bestreichen und die Biskuitmasse daraufgeben. Im vorgeheizten Backofen bei 200 °C Ober-/Unterhitze etwa 8 Minuten backen.
5. Den Biskuit sofort auf ein feuchtes Küchentuch stürzen und das Papier abziehen. Den Biskuit von der breiten Seite her rasch aufrollen und im Küchentuch auskühlen lassen.
6. Den ausgekühlten Biskuit mit Creme bestreichen und wieder aufrollen. In Alufolie einwickeln und 1 Stunde kalt stellen.
7. Schlagsahne steif schlagen. Dabei Sahnesteif und Vanillezucker einrieseln lassen. Die Sahne mit ein paar Tröpfchen roter Speisefarbe rosa färben.
8. Die Biskuitroulade aus dem Kühlschrank nehmen, in 7 Stücke schneiden und senkrecht aufstellen. Jedes Törtchen dünn mit rosa Schlagsahne bestreichen und Kokoschips an die Seiten drücken. In Muffinförmchen aus Papier stellen.
9. Die übrig gebliebene Schlagsahne in einen Spritzbeutel füllen und kleine Tupfen auf die Törtchen spritzen. Götterspeise klein würfeln und auf die Sahnetupfen platzieren.
10. Feigen abtropfen lassen, in dünne Scheiben schneiden und ziegeldachartig seitlich auf die Törtchen legen.

Pro Stück: 670 Kilokalorien, 7 g Eiweiß, 47 g Fett, 10 g Kohlenhydrate

Mango-Erdbeer-Törtchen mit Schokopraline

Backform mit hohem Rand: 25 x 37 cm, Backrahmen: 25 x 37 cm

Zutaten: (für 20 Stück)

Für die Schokopralinen:
200 g weiße Schokolade mit Erdbeerstückchen I 225 g Crème double I 1 EL Erdbeerlikör

Für den Schmandteig:
100 g weiche Butter I 150 g Zucker I 1 Pck. Vanillezucker I abger. Schale von 1 Bio-Orange I 3 Eier I 200 g Schmand I 300 g Mehl I 2 TL Backpulver I violette, grüne, rote und gelbe Speisefarbe

Für die Erdbeer-Mango-Creme:
6 Blatt Gelatine I 200 ml kalte Milch I 100 ml kalte Schlagsahne I
1 Pck. Cremepulver „Mousse Erdbeer" I 1 reife Mango I 150 g Erdbeeren

Außerdem:
bunter Zucker I 20 frische Erdbeeren

Zubereitung:

1. Für die Pralinen Schokolade mit einem Messer fein hacken. Crème double unter ständigem Rühren aufkochen. Nach und nach die Schokolade dazugeben und darin schmelzen lassen. Den Topf vom Herd ziehen und den Erdbeerlikör unterrühren. Die Pralinenmasse kalt stellen.
2. Für den Teig Butter cremig rühren. Nach und nach Zucker, Vanillezucker, Orangenschale, Eier und Schmand unterrühren. Mehl mit Backpulver mischen, sieben und unterrühren. Den Teig auf 4 kleine Schüsseln verteilen (jeweils gut 2 ½ EL) und mit Speisefarben färben.
3. Die bunten Teige in 4 Gefrierbeutel geben. Die Spitze der Gefrierbeutel etwa ½ cm breit abschneiden. Eine Backform mit Backpapier auslegen und den Teig abwechselnd aufspritzen. Im vorgeheizten Backofen bei 180 °C Ober-/Unterhitze 20 Minuten backen. Herausnehmen und abkühlen lassen.
4. Für die Creme Gelatine nach Packungsanweisung einweichen.
5. Kalte Milch und kalte Schlagsahne in einen mit heißem Wasser ausgespülten Rührbecher geben. Cremepulver zufügen und mit einem Mixer 3 Minuten lang aufschlagen.
6. Mango schälen, das Fruchtfleisch an beiden Seiten vom Kern abschneiden und in kleine Stückchen schneiden. Erdbeeren waschen, putzen und zusammen mit der Mango zur Creme geben. Alles gut vermengen.
7. Gelatine ausdrücken und im heißen Wasserbad auflösen. 2–3 EL Creme zur Gelatine geben und gut verrühren. Diese Mischung unter die restliche Creme rühren und etwa 15 Minuten kalt stellen.

→

Mango-Erdbeer-Törtchen mit Schokopraline

→ Mango-Erdbeer-Törtchen mit Schokopraline

8. Den Teig senkrecht halbieren. Eine Teigplatte auf ein Arbeitsbrett oder eine Servierplatte legen und einen Backrahmen darumstellen. Die Creme auf den Teig streichen und die zweite Teigplatte darauflegen. Etwas andrücken und 30–40 Minuten kalt stellen. Danach in 20 Stücke schneiden.
9. Aus der kalten Pralinenmasse mit 2 TL kleine Nockerln formen, eventuell im bunten Zucker wälzen. Die Pralinen auf den Törtchen platzieren und eine gezuckerte Erdbeere daraufsetzen.

Pro Stück: 300 Kilokalorien, 5 g Eiweiß, 18 g Fett, 29 g Kohlenhydrate

Herzchen mit Johannisbeerrispen

Backform mit hohem Rand: 25 x 37 cm, Herz-Ausstechform: 7–10 cm

Zutaten: (für 6 Stück)

Für den Biskuit:
2 Eier I 60 g Zucker I 1 Pck. Vanillezucker I abger. Schale von 1 Bio-Orange I 50 g Mehl I 1 gestr. TL Backpulver I 1 TL Speisestärke

Für die Orangenlikörcreme:
100 g weiße Schokolade mit Erdbeeren I 20 g weiche Butter I 50 g Puderzucker I 2 EL Orangenlikör I 60 g Mascarpone I abger. Schale von 1 Bio-Orange

Zum Tränken:
5 EL Orangensaft I 4 EL Orangenlikör

Außerdem:
200 g Schlagsahne I 1 Pck. Vanillezucker I 1 Pck. Sahnesteif

Für die Verzierung:
100–200 g Kokosraspel I 3 EL bunte Zuckerstreusel I 100 g Kuchenglasur Himbeere I 1 Bio-Orange I 1 EL Orangenmarmelade I 6 Johannisbeerrispen I 18 Dekor-Zuckerherzen

Zubereitung:

1. Für den Biskuit Eier schaumig schlagen. Zucker, Vanillezucker und Orangenschale mischen, unter Rühren einrieseln lassen und etwa 2 Minuten weiterschlagen. Mehl, Backpulver und Speisestärke mischen und kurz unterrühren.
2. Die Backform mit Backpapier auslegen und dünn einfetten. Den Teig in die Backform geben und glatt streichen. Im vorgeheizten Backofen bei 200 °C Ober-/Unterhitze etwa 8 Minuten backen. Herausnehmen und abkühlen lassen.
3. Für die Creme weiße Schokolade zerkleinern und im heißen Wasserbad schmelzen. Etwas abkühlen lassen.
4. Butter, Puderzucker, Orangenlikör und Mascarpone aufschlagen. Orangenschale und abgekühlte Schokolade dazugeben und alles gut verrühren. Kalt stellen.
5. Aus dem Biskuit 18 große Herzen ausstechen. Schlagsahne steif schlagen. Dabei Vanillezucker und Sahnesteif einrieseln lassen. Kalt stellen.
6. Zum Tränken Orangensaft und Orangenlikör mischen.
7. Jeweils 3 Herzen aufeinandersetzen. Dafür die Hälfte der Creme auf 6 Biskuitherzen streichen. Das zweite Herz auflegen, tränken und mit Creme bestreichen. Dann das dritte Herz auflegen und leicht andrücken. Kalt stellen.

Herzchen mit Johannisbeerrispen

→ Herzchen mit Johannisbeerrispen

8. Kokosraspel und Zuckerstreusel mischen. Kuchenglasur nach Packungsanweisung im heißen Wasser schmelzen. Die Biskuitherzen mit Himbeerglasur überziehen und die Kokos-Streusel-Mischung an die Ränder drücken. Die Herzen kalt stellen, damit die Himbeerglasur fest wird.
9. Orange heiß abwaschen, abtrocknen und die Schale mit einem Zestenreißer abziehen. Orangenstreifen mit der Marmelade in einem kleinen Topf unter Rühren erwärmen und erkalten lassen.
10. Die Johannisbeerrispen nach Wunsch in Zucker wälzen.
11. Die Schlagsahne in einen Spritzbeutel geben und auf die Törtchen spritzen. Rispen auflegen und mit Zuckerherzen und Orangenstreifen verzieren.

Pro Stück: 730 Kilokalorien, 7 g Eiweiß, 47 g Fett, 65 g Kohlenhydrate

Mandarinen-Orangen-Törtchen mit Krokanttalern

Backform mit hohem Rand: 25 x 37 cm, Ausstechform (Ø 7 cm), Backblech

Zutaten: (für 5 Stück)

Für den Biskuit:
2 Eier I 60 g Zucker I 1 Pck. Vanillezucker I abger. Schale von 1 Bio-Orange I 50 g Mehl I 1 gestr. TL Backpulver I 1 TL Speisestärke

Für die Orangen-Buttercreme:
250 g weiche Butter I 450 g Puderzucker I ca. 100 ml Orangensaft I Schale von 2 Bio-Orangen I 2 TL Grand Marnier I orange Speisefarbe

Zum Tränken:
3 EL Orangensaft I 2 EL Grand Marnier

Für die Verzierung:
bunter Puffreis I 1 kleine Dose Mandarinorangen (Abtropfgewicht: 175 g)

Für die Krokanttaler:
30 g Zucker I 1 EL Orangensaft I 15 g Butter I 1 TL Mehl I 1 TL gehackte Mandeln

Zubereitung:

1. Für den Biskuit Eier schaumig schlagen. Zucker, Vanillezucker und Orangenschale mischen, unter Rühren einrieseln lassen und etwa 2 Minuten weiterschlagen. Mehl, Backpulver und Speisestärke mischen und unterrühren.
2. Die Backform mit Backpapier auslegen und dünn einfetten. Den Teig in die Backform geben und glatt streichen. Im vorgeheizten Backofen bei 200 °C Ober-/Unterhitze etwa 8 Minuten backen. Herausnehmen und abkühlen lassen.
3. Für die Creme Butter cremig schlagen, bis sie leicht und locker ist. Nach und nach Puderzucker, Orangensaft, Orangenschale und Grand Marnier dazugeben und alles gut verrühren. Mit Speisefarbe orange einfärben und kalt stellen.
4. Aus dem Biskuit mit einer Ausstechform 15 Kreise ausstechen.
5. Zum Tränken Orangensaft und Grand Marnier mischen.
6. Jeweils 3 Kreise aufeinandersetzen. Dafür ein Drittel der Creme auf 5 Biskuitkreise streichen. Den zweiten Biskuitkreis auflegen, tränken und mit einem Drittel der Creme bestreichen. Dann den dritten Kreis auflegen und leicht zusammendrücken. Die restliche Creme dünn auf die Törtchen streichen und den bunten Puffreis an die Seiten drücken.
7. Die restliche Creme in einen Spritzbeutel geben, auf die Törtchen spritzen und in den Kühlschrank stellen.
8. Die Mandarinorangen gut abtropfen lassen.
9. Für die Krokanttaler Zucker, Orangensaft und Butter bei mittlerer Hitze 3–4 Minuten sirupartig einkochen lassen. Vom Herd nehmen. Mehl und gehackte Mandeln mit einem Schneebesen einrühren.

→

→ Mandarinen-Orangen-Törtchen mit Krokanttalern

10. Ein Backblech mit Backpapier auslegen und die Krokantmasse teelöffelweise mit genügend Abstand daraufgeben. Im vorgeheizten Backofen auf der untersten Einschubleiste bei 200 °C Ober-/Unterhitze etwa 5 Minuten goldbraun backen. Auf einem Kuchenrost abkühlen lassen.
11. Vor dem Servieren die Törtchen mit Mandarinorangen und Krokanttalern verzieren.

Pro Stück: 1020 Kilokalorien, 6 g Eiweiß, 48 g Fett, 138 g Kohlenhydrate

Brombeer-Maracuja-Törtchen

Backform mit hohem Rand: 25 x 37 cm, 9 Dessertringe (Ø 7 cm), 9 Dessertringe (Ø 6 cm)

Zutaten: (für ca. 9 Stück)

Für den Teig:
1 Ei | 25 g Zucker | 25 g weiche Butter | 50 g Mehl | 1 TL Backpulver |
50 g weiße Schokolade mit Pfirsich-Maracuja-Joghurt

Zum Tränken:
3 EL Brombeerlikör oder Kirschlikör | 100 ml Maracujasaft

Für die Brombeercreme:
6 Blatt Gelatine | 3 Eiweiß | 150 g Zucker | 6 EL Brombeerkonfitüre

Für die Verzierung:
150–200 g weiße Schokolade | 5–6 kandierte Kirschen | 1 TL gemahlene Pistazienkerne |
9 frische Brombeeren | Zuckerdekor

Zubereitung:

1. Für den Teig Ei und Zucker schaumig schlagen. Weiche Butter dazugeben und alles gut verrühren. Mehl und Backpulver mischen, sieben und zur Ei-Zucker-Masse hinzufügen. Schokolade fein hacken und dazugeben. Alles zu einem glatten Teig verrühren.
2. Die Backform in der Mitte mit einem Streifen Alufolie quer halbieren. Den Teig auf die Hälfte der Backform glatt streichen. Im vorgeheizten Backofen bei 200 °C Ober-/Unterhitze etwa 8 Minuten backen. Herausnehmen und erkalten lassen. Dessertringe (Ø 7 cm) in den Teig stechen und darin stecken lassen.
3. Likör und Maracujasaft mischen und den Tortenboden in den Dessertringen tränken.
4. Für die Creme Gelatine nach Packungsanweisung einweichen.
5. Eiweiß und Zucker sehr steif schlagen, bis die Masse glänzt.
6. Gelatine leicht ausdrücken und in einem heißen Wasserbad auflösen. Von der Herdplatte wegziehen. Etwas Ei-Zucker-Masse zur Gelatine geben und mit einem Schneebesen verrühren, dann den Rest der Ei-Zucker-Masse hinzufügen und langsam einrühren. Brombeerkonfitüre dazugeben und unterrühren. Die Brombeercreme auf dem getränkten Tortenboden in den Dessertringen verteilen, glatt streichen und kalt stellen.
7. Für die Verzierung Schokokreise zubereiten. Dafür die weiße Schokolade fein hacken und im heißen Wasserbad schmelzen. Auf ein Brettchen 9 Dessertringe (Ø 6 cm) stellen und die heiße Schokolade hineingießen. Etwas abkühlen lassen.
8. Die kandierten Kirschen fein hacken. Schokolade mit Kirschen und ½ TL gemahlenen Pistazien bestreuen. Im Kühlschrank fest werden lassen.

Brombeer-Maracuja-Törtchen

9. Die Törtchen und Schokokreise herausnehmen. Die Dessertringe am Rand lösen und vorsichtig hochziehen.
10. Die Seiten der Törtchen mit Konfitüre bestreichen und mit Zuckerdekor verzieren. Schokokreise oben auflegen. Brombeeren waschen, trocken tupfen und jeweils darauf platzieren. Mit restlichen gemahlenen Pistazien bestreuen.

Pro Stück: 330 Kilokalorien, 5 g Eiweiß, 9 g Fett, 54 g Kohlenhydrate

Chocobits-Mousse au Chocolat-Törtchen

Backform mit hohem Rand: 25 x 37 cm, Backrahmen: 25 x 37 cm

Zutaten: (für ca. 20 Stück)

Für den Mandelteig:
4 Eier | 200 g Zucker | 70 g weiche Butter | 150 g Mehl | ½ TL Backpulver | 50 g gemahlene Mandeln | 2–3 Tropfen Bittermandelaroma

Zum Biskuit:
3 Eier | 30 g Zucker | 1 Pck. Vanillinzucker | 65 g Mehl

Zum Tränken:
1 Tasse Espresso | 4 EL Kaffeelikör

Für die Creme:
3 Blatt Gelatine | 1 Pck. Cremepulver „Mousse au Chocolat" (92 g) | 250 ml kalte Milch

Für die Verzierung:
100 g Vollmilchglasur | 20 Chocobits (Gebäck) | 40 Schokokugeln (kupferfarben)

Zubereitung:

1. Für den Mandelteig Eier und Zucker schaumig schlagen. Weiche Butter hinzufügen. Mehl, Backpulver, Mandeln und Bittermandelaroma unterrühren.
2. Die Backform mit Backpapier auslegen, dünn einfetten und den Teig darauf glatt streichen. Im vorgeheizten Backofen bei 200 °C Ober-/Unterhitze 20 Minuten backen.
3. Ein großes Arbeitsbrett mit Backpapier auslegen und mit Zucker bestreuen. Die gebackene Teigplatte daraufstürzen, das Backpapier abziehen und abkühlen lassen.
4. Für den Biskuit Eier trennen. Eiweiß zu steifem Schnee schlagen. Zucker und Vanillinzucker nach und nach zugeben und so lange weiterschlagen, bis der Eischnee glänzend ist. Verquirltes Eigelb dazugeben. Mehl sieben und locker unterheben.
5. Die Backform fetten und mit Backpapier auslegen. Das Backpapier dünn mit Butter bestreichen und die Biskuitmasse daraufstreichen. Im heißen Ofen bei 200 °C Ober-/Unterhitze etwa 8 Minuten backen.
6. Den Biskuit herausnehmen und auf ein Arbeitsbrett stürzen, das Papier abziehen und den Biskuit abkühlen lassen.
7. Für die Creme Gelatine nach Packungsanweisung einweichen. Cremepulver „Mousse au Chocolat" mit Milch nach Packungsanweisung zubereiten. Die eingeweichte Gelatine im heißen Wasserbad auflösen. Etwas Mousse au Chocolat zur Gelatine geben. Mit einem Schneebesen alles gut verrühren und den Rest der Mousse au Chocolat hinzufügen. Die Masse gut umrühren.
8. Espresso und Likör in einer kleinen Kaffeetasse mischen.
9. Die beiden Tortenböden senkrecht in der Mitte durchschneiden. So entstehen 4 Stücke.

→

Chocobits-Mousse au Chocolat-Törtchen

→ Chocobits-Mousse au Chocolat-Törtchen

10. Die Backform mit Backpapier auslegen und die Hälfte des Mandelbodens in die Backform legen. Einen Backrahmen darumstellen und etwas Creme auf dem Teig verteilen.
11. Den Biskuitboden auf die Creme legen und tränken. Wieder Creme daraufgeben und gut verteilen. Die zweite Hälfte des Biskuits darauflegen und tränken. Auch diesen Boden mit Creme bestreichen und den zweiten Mandelboden darauflegen. Alles etwas andrücken.
12. Vollmilchglasur nach Packungsanweisung im heißen Wasser schmelzen. Die flüssige Glasur auf der geschichteten Torte verteilen. Glatt streichen.
13. Wenn die Glasur etwas angetrocknet ist, mit einem scharfen Messer 20 Stücke andeuten und die Chocobits auflegen. Über Nacht kalt stellen.
14. Am nächsten Tag den Backrahmen entfernen, die Torte in 20 Stücke teilen und mit Schokokugeln verzieren.

Pro Stück: 290 Kilokalorien, 6 g Eiweiß, 12 g Fett, 37 g Kohlenhydrate

Papayatörtchen mit Kirschäpfeln

Papayatörtchen mit Kirschäpfeln

Backblech: 30 x 40 cm, bunte Muffinsförmchen aus Papier

Zutaten: (für ca. 6 Stück)

Für die Papaya-Chili-Secco-Creme:
12 Blatt weiße Gelatine | 2 Eier | 50 g Zucker | 125 ml Papaya-Chili-Secco | 2–3 reife Papayas | 100 g Schlagsahne

Für den Biskuit:
5 Eier | 150 g Zucker | 2–3 Tropfen Backaroma Zitrone | 125 g Mehl

Für die Verzierung:
400 g Schlagsahne | 2 Pck. Sahnesteif | 2 Pck. Vanillezucker | rote oder orange Speisefarbe | 1 Dose gezuckerte Kirschäpfel (Babyäpfel, Füllmenge: 425 g)

Zubereitung:

1. Für die Creme Gelatine nach Packungsanweisung einweichen.
2. Eier trennen. Eigelb mit Zucker und Papaya-Chili-Secco verrühren und aufkochen. Den Topf vom Herd nehmen. Die eingeweichte Gelatine ausdrücken und in der heißen Creme unter Rühren auflösen.
3. Die Papayas schälen, halbieren und die schwarzen Kerne entfernen. Das Fruchtfleisch klein schneiden und zur Creme geben. Alles gut verrühren und abkühlen lassen.
4. Eiweiß steif schlagen und zur Creme geben. Alles vermengen und 1 Stunde kalt stellen.
5. Für den Biskuit Eier trennen. Eiweiß zu steifem Schnee schlagen. Zucker nach und nach zugeben und so lange weiterschlagen, bis der Eischnee glänzend ist. Verquirltes Eigelb und Backaroma dazugeben. Mehl sieben und locker unterheben.
6. Das Backblech mit Backpapier auslegen. Das Backpapier dünn mit Butter bestreichen und die Biskuitmasse daraufstreichen. Im vorgeheizten Backofen bei 200 °C Ober-/Unterhitze 8–10 Minuten backen.
7. Den Biskuit sofort auf ein feuchtes Küchentuch stürzen und das Papier abziehen. Den Biskuit von der breiten Seite her rasch aufrollen und im Küchentuch auskühlen lassen.
8. 100 g Schlagsahne steif schlagen. Sobald die Papaya-Chili-Secco-Creme zu gelieren beginnt, die Schlagsahne unterheben.
9. Biskuit auseinanderrollen, mit Creme bestreichen und wieder fest aufrollen. In Alufolie einwickeln und 1 Stunde kalt stellen.
10. Für die Verzierung Schlagsahne steif schlagen, dabei Sahnesteif und Vanillezucker einrieseln lassen. Mit Speisefarben rot oder orange färben.
11. Kirschäpfel gut abtropfen lassen.
12. Die Biskuitroulade aus dem Kühlschrank nehmen. Alufolie entfernen, die Roulade in Stücke schneiden, vorsichtig aufstellen und in bunte Muffinförmchen aus Papier setzen. Die Seiten mit Schlagsahne bestreichen. Die übrig gebliebene Sahne in einen Spritzbeutel mit runder Tülle füllen und die Biskuittörtchen oben großzügig damit bespritzen. Jeweils 2 abgetropfte Kirschäpfel daraufsetzen.

Pro Stück: 630 Kilokalorien, 16 g Eiweiß, 33 g Fett, 65 g Kohlenhydrate

Haselnuss-Trauben-Törtchen

Springform Ø 26 cm

Zutaten: (für 8 Stück)

Für den Haselnussteig:
150 g weiche Butter I 150 g Zucker I 4 Eier I 200 g gemahlene, geröstete Haselnüsse I 1 TL Backpulver I abger. Schale von 1 Bio-Zitrone

Für die Stracciatella-Trauben-Creme:
12 Blatt Gelatine I 150 g kernlose grüne Weintrauben I 150 g kernlose blaue Weintrauben I 600 g Doppelrahmfrischkäse I 300 g Joghurt Stracciatella I 125 g Zucker

Für den Guss:
1 Pck. roter Tortenguss I 20 g Zucker I 1/8 l roter Traubensaft I 1/8 l Wasser

Für die Verzierung:
8 Oblaten-Weintrauben (www.hobbybaecker.de)

Zubereitung:

1. Für den Teig Butter und Zucker schaumig schlagen. Eier einzeln unterrühren. Haselnüsse, Backpulver und Zitronenschale mischen und unterrühren.
2. Den Boden einer Springform mit Butter fetten, den Teig einfüllen und glatt streichen. Im vorgeheizten Backofen bei 175 °C Ober-/Unterhitze etwa 25 Minuten backen. Auskühlen lassen.
3. Für die Creme Gelatine nach Packungsanweisung einweichen. Weintrauben waschen, auf Küchenpapier abtropfen lassen und halbieren. Frischkäse, Joghurt und Zucker gut verrühren. Weintrauben dazugeben und untermischen.
4. Die eingeweichte Gelatine ausdrücken und im warmen Wasserbad auflösen. Etwas Creme zur Gelatine geben und gut verrühren. Dann die restliche Creme hinzufügen und alles gut vermengen. Die Creme auf den Nussboden geben und glatt streichen. Etwa 30 Minuten kalt stellen.
5. Aus Tortengusspulver, Zucker, Traubensaft und Wasser einen Guss nach Packungsanweisung zubereiten. 1 Minute abkühlen lassen. Den Guss gleichmäßig auf die Stracciatella-Trauben-Creme geben. 1 Stunde kalt stellen.
6. Den Springformrand lösen und entfernen. Die Torte in 8 große Stücke schneiden und mit Oblaten-Weintrauben verzieren.

Pro Stück: 830 Kilokalorien, 19 g Eiweiß, 59 g Fett, 56 g Kohlenhydrate

Haselnuss-Trauben-Törtchen

Orangentörtchen mit bunten Crispies

Orangentörtchen mit bunten Crispies

Backform mit hohem Rand: 25 x 37 cm

Zutaten: (für ca. 15 Stück)

Für die Orangencreme:
200 g weiche Butter I 1 Dose gezuckerte Kondensmilch (397 g) I
abger. Schale von 1 Bio-Orange I 1–2 Tropfen Backaroma Orange I 1–2 EL Orangenlikör

Für den Teig:
6 Eier I 300 g Zucker I 250 g Mehl I 1 TL Backpulver I 1 Pck. geriebene Orangenschale I
200 g weiche Butter I 80 g gemahlene Mandeln

Für die Verzierung:
1 Bio-Orange I 1–2 EL Honig I 400 g Sahne I 2 Pck. Sahnesteif I bunte Crispies I
30 Schokostäbchen Streifen (www.hobbybaecker.de)

Zubereitung:

1. Für die Orangencreme weiche Butter und gezuckerte Kondensmilch gut aufschlagen. Orangenschale, Backaroma und Orangenlikör hinzufügen und alles gut verrühren. Die Creme etwa 30 Minuten kalt stellen.
2. Für den Teig Eier und Zucker schaumig schlagen, bis die Masse weiß ist. Dann Mehl, Backpulver, Orangenschale, weiche Butter und Mandeln hinzufügen und gut vermengen.
3. Die Backform mit dem Backpapier auslegen, dünn einfetten, den Teig darauf verteilen und glatt streichen. Im vorgeheizten Backofen bei 200 °C Ober-/Unterhitze 20 Minuten backen.
4. Den Kuchen herausnehmen und 1–2 Minuten auskühlen lassen. Mit einem Glas (Ø 6 cm) 15 Kreise ausstechen. Den Rest des Kuchens mit den Händen zu feiner Krümelmasse zerbröseln und in eine große Schüssel geben.
5. Die Törtchen waagerecht durchschneiden. Mit Orangencreme innen und von allen Seiten üppig bestreichen und mit der Mandel-Krümelmasse „panieren". 1 Stunde in den Kühlschrank stellen.
6. Orange heiß abwaschen, abtrocknen und die Schale mit einem Zestenreißer abziehen. Orangenschale mit Honig aufkochen, 1–2 Minuten köcheln lassen. Danach aus dem Topf nehmen und auf einem Teller abkühlen lassen.
7. Sahne steif schlagen, dabei Sahnesteif einrieseln lassen. Die Schlagsahne in einen Spritzbeutel mit runder Tülle füllen und große Tupfen auf die Törtchen spritzen.
8. Die Sahnetupfen mit bunten Crispies bestreuen, Orangenschale dekorativ auflegen und jedes Törtchen mit Schokostäbchen verzieren.

Pro Stück: 620 Kilokalorien, 9 g Eiweiß, 41 g Fett, 55 g Kohlenhydrate

Mohntörtchen mit Schoko-Rum-Nockerln

Backform mit hohem Rand: 25 x 37 cm

Zutaten: (für 20 Stück)

Für den Kakaoteig:
400 g Mehl I 2 TL Hirschhornsalz I 100 g Butter I 100 g Zucker I 2 Eier I 2 EL Kakaopulver I 6 EL saure Sahne

Für den Mohnteig:
6 Eier I 150 g weiche Butter I 150 g Puderzucker I 1 Pck. Zitronenschale I 80 g Zucker I 200 g Mohnback I 70 g gemahlene Mandeln

Für die Trüffelcreme:
400 g weiße Schokolade mit Erdbeerstückchen I 200 g Butter I 150 g Puderzucker I 3 EL Erdbeersirup I 300 g Mascarpone

Für die Ganache:
250 g Zartbitterschokolade I 300 g Crème double I 1 TL Rum I
etwas Kakaopulver zum Bestäuben

Für die Verzierung:
200 g gesiebter Puderzucker I 1 Eiweiß I 1–2 Tropfen rote Speisefarbe I Blattgold

Zubereitung:

1. Für den Kakaoteig Mehl in eine Schüssel geben. Hirschhornsalz in 2 EL lauwarmem Wasser auflösen. Butter, Zucker, Eier, Kakao, saure Sahne und aufgelöstes Hirschhornsalz zum Mehl geben. Alles zu einem weichen Teig verkneten.
2. Die Backform umdrehen und gut fetten (so gleitet der gebackene Boden problemlos auf das Brett). Den Teig halbieren. Jeweils auf der bemehlten Arbeitsfläche in Größe der Backform ausrollen. Eine Teigplatte vorsichtig auf die Backform legen. Im vorgeheizten Backofen bei 180 °C Ober-/Unterhitze etwa 8 Minuten backen. Herausnehmen und vorsichtig auf das mit Backpapier ausgelegte Arbeitsbrett gleiten lassen. Zweite Teigplatte backen. Herausnehmen und auskühlen lassen.
3. Für den Mohnteig Eier trennen. Butter, Puderzucker und Zitronenschale schaumig rühren. Eigelb nach und nach einrühren. Eiweiß mit Zucker zu Schnee schlagen. Mohnback, Mandeln und ein Drittel vom Eischnee unterheben. Dann den restlichen Eischnee dazugeben und vorsichtig unterheben.
4. Das Backblech mit Backpapier auslegen und die Masse auf das Backpapier geben. Im vorgeheizten Backofen bei 160 °C Ober-/Unterhitze 25–30 Minuten backen. Herausnehmen und abkühlen lassen.
5. Für die Trüffelcreme Schokolade zerkleinern und im heißen Wasserbad schmelzen. Butter, Puderzucker, Erdbeersirup und Mascarpone aufschlagen. Schokolade löffelweise zufügen. Alles gut verrühren und etwas fest werden lassen.

6. Für die Ganache die Schokolade in Stücke hacken. Crème double unter ständigem Rühren aufkochen und die Schokolade nach und nach zugeben. Die Schokolade schmelzen lassen und dabei fleißig rühren. Wenn die Schokolade völlig geschmolzen ist, die Masse in eine Schüssel geben und abkühlen lassen.
7. Eine Kakaoteigplatte auf die saubere Arbeitsfläche legen. Die Hälfte der Trüffelcreme daraufstreichen und den abgekühlten Mohnteig darauflegen. Mit der restlichen Trüffelcreme bestreichen und die zweite Kakaoteigplatte auflegen.
8. Die Hälfte der Ganache wellenartig auf das Gebäck streichen und über Nacht kalt stellen.
9. Zu der übrigen Ganache Rum hinzufügen und alles glatt verrühren. Mithilfe von 2 TL kleine Nockerln formen. Auf einen Teller legen und mit Kakao bestäuben. Kalt stellen, am besten über Nacht.
10. Für die Verzierung Puderzucker nach und nach unter das Eiweiß rühren, bis ein zäh fließender Guss entstanden ist. Mit Speisefarbe rosa färben. Den Guss in eine Papierspritztüte füllen, die Spitze abschneiden und Ornamente auf ein Backpapier spritzen. Über Nacht trocknen lassen.
11. Das Gebäck in kleine Törtchen (6 x 7 cm) schneiden und ein Nockerl darauf platzieren. Die Ornamente vorsichtig auf die Törtchen drücken. Mit Blattgold verzieren.

Pro Stück: 770 Kilokalorien, 10 g Eiweiß, 49 g Fett, 72 g Kohlenhydrate

Crispies-Kugeltörtchen

Crispies-Kugeltörtchen

Backform mit hohem Rand: 25 x 37 cm, 40 Pralinenkapseln

Zutaten: (für ca. 40 Stück)

Für den Teig:
2 Eier I 60 g Zucker I 1 Pck. Vanillezucker I abger. Schale von 1 Bio-Zitrone I 50 g Mehl I
1 TL Backpulver I 1 TL Speisestärke

Für die Nusscreme:
150 g weiße Schokolade mit Nüssen I 25 g weiche Butter I 50 g Puderzucker I
2 EL Johannisbeerlikör I 100 g Mascarpone I abger. Schale von ½ Bio-Zitrone

Außerdem:
50 g gehackte Mandeln I 50 g Mandelstifte I ca. 100 g Johannisbeeren

Für die Verzierung:
150 g gemahlene Haselnüsse I 3 EL bunte Crispies I 100 g weiße Schokolade I
3–4 Cocktailkirschen I bunter Zucker I Zuckerperlen I 40 Schokoherzen

Zubereitung:
1. Für den Teig Eier schaumig schlagen. Zucker, Vanillezucker und Zitronenschale einstreuen und etwa 2 Minuten weiterschlagen. Mehl, Backpulver und Speisestärke mischen und kurz auf niedrigster Stufe unterrühren.
2. Die Backform mit Backpapier auslegen und dünn einfetten. Den Teig in die Backform geben und glatt streichen. Im vorgeheizten Backofen bei 200 °C Ober/Unterhitze etwa 8 Minuten backen. Herausnehmen und auskühlen lassen.
3. Für die Creme Schokolade zerkleinern und im heißen Wasserbad schmelzen. Weiche Butter, Puderzucker, Johannisbeerlikör und Mascarpone aufschlagen. Zitronenschale und abgekühlte Schokolade dazugeben und gut verrühren.
4. Den abgekühlten Biskuitboden in Stücke schneiden und in eine große Schüssel geben. Die Nusscreme, Mandeln und Johannisbeeren dazugeben und alles vorsichtig vermengen.
5. Aus der Biskuit-Nuss-Masse kleine Kugeln formen.
6. Haselnüsse und bunte Crispies in einer kleinen Schüssel mischen und die Kugeln darin wälzen. Sofort in die Pralinenkapseln setzen kalt stellen.
7. Schokolade hacken, im warmen Wasserbad schmelzen und auf ein Stück Backpapier gießen. Mit einer Palette glatt streichen. Cocktailkirschen klein schneiden.
8. Die Schokolade mit den Kirschstückchen, buntem Zucker und Zuckerperlen bestreuen und fest werden lassen. Danach in Stücke brechen und die Crispies-Kugeltörtchen damit verzieren. Ein Schokoladenherzchen daraufsetzen.

Pro Stück: 120 Kilokalorien, 2 g Eiweiß, 7 g Fett, 11 g Kohlenhydrate

Schmuckkästchen mit Zuckerperlen

Backform mit hohem Rand: 25 x 37 cm, 15 Dessertringe (Ø 7 cm), 1 Dessertring (Ø 6 cm)

Zutaten: (für 15 Stück)

Für die Kästchen:
3 Stück Abziehfolie für Schokolade (je 37 x 24,5 cm, zu bestellen unter www.hobbybaecker.de) I 300–400 g dunkle Schokolade

Für den Erdbeerteig:
2 Eier I 50 g Zucker I 50 g weiche Butter I 100 g Mehl I ½ Pck. Backpulver I 25 g weiße Schokolade mit Erdbeerstückchen

Zum Tränken:
100 ml Orangensaft I 2 EL Limoncino

Für die Zitronencreme:
600 ml kalte Milch I 2 Beutel „Schlemmercreme Zitronengeschmack"

Für die Erdbeer-Rhabarber-Creme:
300 ml kalte Milch I 1 Beutel Cremepulver „Erdbeer-Rhabarber-Geschmack"

Für die Verzierung:
Zuckerperlen (Silber, Gold) I bunter Zucker (blau, grün) I Glimmergold

Zubereitung:

1. Für die Kästchen zuerst die Abziehfolie in 15 Streifen (19 cm lang und 4 cm breit) und 15 Kreise (Ø 6 cm) schneiden.
2. Schokolade fein hacken und im heißen Wasserbad schmelzen lassen. Die Schokolade auf die Folienstreifen und Kreise auftragen und glatt streichen. Etwas abkühlen lassen und die Folienstreifen in die Dessertringe (Ø 7 cm) hineingeben. Alles kalt stellen.
3. Für den Teig Eier und Zucker cremig schlagen. Sehr weiche Butter dazugeben und alles gut verrühren. Mehl und Backpulver mischen, sieben und zur Ei-Zucker-Masse hinzufügen. Schokolade mit einem Messer fein zerkleinern und dazugeben. Alles zu einem glatten Teig verrühren. Den Teig in die gefettete Backform geben und glatt streichen. Im vorgeheizten Backofen bei 200 °C Ober-/Unterhitze etwa 8 Minuten backen. Abkühlen lassen.
4. Mit dem Dessertring (Ø 6 cm) 15 Kreise aus dem Teig stechen. Dessertringe mit den Schokoladenabziehfolienstreifen aus dem Kühlschrank nehmen und die ausgestochenen Teigkreise vorsichtig hineinlegen.
5. Orangensaft und Limoncino mischen und die Teigkreise damit tränken.
6. Für die Zitronencreme kalte Milch in ein hohes Rührgefäß geben, den Inhalt des Beutels hinzufügen und aufschlagen.
7. Die Erdbeer-Rhabarber-Creme genauso zubereiten.

→

Schmuckkästchen mit Zuckerperlen

→ Schmuckkästchen mit Zuckerperlen

8. Die Cremes jeweils in einen Spritzbeutel mit Lochtülle füllen. Zuerst die Zitronencreme, dann die Erdbeer-Rhabarber-Creme in den Dessertringen verteilen. Kalt stellen.
9. Vor dem Servieren mit Zuckerperlen, buntem Zucker und Glimmergold verzieren. Die Dessertringe vorsichtig hochziehen und die Folienstreifen entfernen. Auch von den Kreisen die Schokoladenabziehfolie vorsichtig abziehen und als Deckelchen auf das Törtchen auflegen.

Pro Stück: 260 Kilokalorien, 5 g Eiweiß, 14 g Fett, 29 g Kohlenhydrate

Biskuittörtchen mit Erdbeercreme

Biskuittörtchen mit Erdbeercreme

1 Muffinblech mit 12 Mulden
(für 12 Stück)

Zutaten:

Für den Likörteig:
4 Eier I 150 g Zucker I 4 EL Erdbeerlikör I 50 g flüssige Butter I 150 g Mehl I ½ TL Backpulver

Für die Creme:
5 Blatt Gelatine I 1 Pck. Puddingpulver Erdbeergeschmack I 2 Eigelb I 100 g Zucker I je ¼ l Milch und Erdbeerlikör I 250 g Schlagsahne

Für die Verzierung:
1 EL Kakaopulver I fertige Schokoblätter I 1 Beutel gehackte Pistazien (25 g) I 200 g Walderdbeeren

Zubereitung:

1. Für den Teig Eier, Zucker und Erdbeerlikör schaumig rühren. Butter unterrühren. Mehl und Backpulver mischen, zugeben und alles zu einem glatten Teig verrühren.
2. Die Mulden der Muffinform einfetten und den Teig mit einem Löffel darin verteilen. Im vorgeheizten Backofen bei 200 °C Ober-/Unterhitze etwa 30 Minuten backen. Herausnehmen. Abkühlen lassen. Muffins aus den Mulden lösen.
3. Für die Creme Gelatine nach Packungsanweisung im kalten Wasser einweichen. Puddingpulver, Eigelb, Zucker und etwas Milch verrühren. Restliche Milch und Erdbeerlikör aufkochen. Puddingmix unterrühren und aufkochen.
4. Die ausgedrückte Gelatine zur Puddingmasse geben und unter Rühren auflösen. Abkühlen lassen. Sahne steif schlagen und unterheben.
5. Die Muffins waagerecht halbieren. Den unteren Teil mit etwa der Hälfte der Creme bestreichen. Den oberen Teil als Deckel aufsetzen. Die Muffins mit der restlichen Creme bestreichen.
6. Die Seiten der Törtchen mit Kakaopulver bestäuben und Schokoblätter andrücken. Oben mit Pistazien dekorieren und die Walderdbeeren auflegen. In flache Papierförmchen setzen.

Pro Stück: 380 Kilokalorien, 7 g Eiweiß, 15 g Fett, 43 g Kohlenhydrate

Mango-Pfirsich-Törtchen

Springform Ø 26 cm

Zutaten: (für 8 Stück)

Für den Haselnussteig:
150 g weiche Butter | 150 g Zucker | 4 Eier | 200 g gemahlene Haselnüsse |
1 TL Backpulver | 2–3 Tropfen Backaroma Rum

Für die Mango-Pfirsich-Creme:
12 Blatt Gelatine | 300 g Vollmilchjoghurt | 600 g Doppelrahmfrischkäse |
125 g Zucker | 1 reife Mango | 2 reife Pfirsiche

Für die Verzierung:
300 g Schlagsahne | 1 Pck. Sahnesteif | 1 Pck. Vanillezucker |
100 g gehackte, geröstete Haselnüsse | 200 g Schokolade (Trauben-Nuss) |
100 g blaue kernlose Weintrauben

Zubereitung:

1. Für den Teig Butter und Zucker schaumig schlagen. Eier einzeln unterrühren. Haselnüsse, Backpulver und Backaroma hinzufügen und unterrühren. Den Boden einer Springform einfetten, den Teig einfüllen und glatt streichen. Im vorgeheizten Backofen bei 175 °C Ober-/Unterhitze etwa 25 Minuten backen. Auskühlen lassen.
2. Für die Creme Gelatine nach Packungsanweisung einweichen. Joghurt, Frischkäse und Zucker gut verrühren.
3. Mango schälen, das Fruchtfleisch vom Kern lösen und in Stückchen schneiden. Pfirsiche häuten, halbieren und den Stein entfernen. Fruchtfleisch ebenso in kleine Stücke schneiden. Beides zur Creme geben und gut vermengen.
4. Eingeweichte Gelatine ausdrücken und im warmen Wasserbad auflösen. Etwas Creme zur Gelatine geben und gut verrühren. Dann die restliche Creme hinzufügen und alles gut vermengen. Die Creme auf den Tortenboden geben und glatt streichen. Etwa 30 Minuten kalt stellen.
5. Den Springformrand lösen und entfernen. Die Torte in 8 große Stücke schneiden.
6. Schlagsahne steif schlagen, dabei Sahnesteif und Vanillezucker einrieseln lassen.
7. Die Törtchen ringsum dünn mit Schlagsahne bestreichen und Haselnüsse andrücken.
8. Schokolade fein hacken, Weintrauben halbieren und die Törtchen damit dekorieren.

Pro Stück: 1110 Kilokalorien, 20 g Eiweiß, 81 g Fett, 75 g Kohlenhydrate

Mango-Pfirsich-Törtchen

Schokoladen-Toffee-Törtchen

Backform mit hohem Rand: 25 x 37 cm, Backrahmen: 25 x 37 cm

Zutaten: (für ca. 16 Stück)

Für den Teig:
100 g weiche Butter I 150 g Zucker I 1 Pck. Vanillezucker I 3 Eier I 200 g Schmand I 300 g Mehl I 2 TL Backpulver

Für die Creme:
3 Blatt weiße Gelatine I 1 Pck. Puddingpulver Schokoladengeschmack I 250 ml Milch I 250 g Schlagsahne I 200 g Schokoladentoffees I 100 g gehackte, geröstete Haselnusskerne I 1–2 EL Kaffeelikör

Für die Glasur:
300 g Schokoladenkuvertüre I 400 g Crème fraîche I 40 g Butter

Außerdem:
3 Päckchen Tortendekor (www.guenthart.de) I 300 g Schlagsahne I 1 Pck. Sahnesteif I 1 Pck. Vanillezucker I etwas Kakaopulver I 16 Stück Giotto®

Zubereitung:

1. Für den Teig Butter cremig schlagen. Nach und nach Zucker, Vanillezucker, Eier und Schmand zugeben und unterrühren. Weizenmehl und Backpulver mischen, sieben und unterrühren.
2. Die Backform mit Backpapier auslegen. Den Teig in die Backform geben, im vorgeheizten Backofen bei 180 °C Ober-/Unterhitze etwa 20 Minuten backen.
3. Die Gebäckplatte abkühlen lassen und dann halbieren.
4. Für die Creme Gelatine nach Packungsanweisung einweichen.
5. Puddingpulver mit 4 EL Milch anrühren. Restliche Milch und Sahne aufkochen. Schokoladentoffees grob hacken und in die heiße Milch-Sahne-Mischung geben. So lange rühren, bis sich die Bonbons aufgelöst haben. Puddingpulver zugeben und unter Rühren etwa 1 Minute aufkochen lassen. Den Topf von der Kochstelle nehmen.
6. Die Gelatine leicht ausdrücken und unter Rühren im heißen Pudding auflösen. Haselnüsse und Kaffeelikör dazugeben und gut unterrühren. Etwas abkühlen lassen.
7. Eine Hälfte der Gebäckplatte auf das Arbeitsbrett mit der glatten Seite nach unten legen und einen Backrahmen darumstellen. Die heiße Schokoladencreme einfüllen und glatt streichen. Die zweite Gebäckhälfte mit der glatten Seite nach oben legen und leicht andrücken. 1 Stunde kalt stellen. Den Backrahmen entfernen und den Kuchen in 16 Stücke schneiden.

8. Für die Glasur Schokoladenkuvertüre grob hacken. Crème fraîche und Butter in einem Topf unter Rühren erhitzen. Kuvertüre zugeben und bei mittlerer Hitze darin schmelzen. Etwas abkühlen lassen und die Törtchen mit der Kuvertüre überziehen. Tortendekor an den Seiten anbringen und im Kühlschrank fest werden lassen.
9. Schlagsahne mit Sahnesteif und Vanillezucker steif schlagen. Sahne in einen Spritzbeutel mit Sterntülle füllen und auf die Törtchen aufspritzen. Mit etwas Kakao bestäuben, mit Giotto® und Tortendekor verzieren.

Pro Stück: 580 Kilokalorien, 9 g Eiweiß, 35 g Fett, 50 g Kohlenhydrate

Topfentörtchen mit Grand Marnier

Topfentörtchen mit Grand Marnier

Backform mit hohem Rand: 25 x 37 cm

Zutaten: (für ca. 7 Stück)

Für den Biskuit:
3 Eier | 50 g Zucker | 2–3 Tropfen Backaroma Orange | 65 g Weizenmehl

Für die Topfencreme:
250 g Tiroler Bröseltopfen (Quark oder Hüttenkäse) | 3 EL Stalden Creme Grand Marnier (gezuckerte Kondensmilch mit Grand Marnier) | 3 EL Grand Marnier

Außerdem:
1 Dose Aprikosenhälften (Abtropfgewicht 420 g) | 7 kleine Erdbeeren | 100 g Puderzucker | 150 g Stalden Creme Grand Marnier | 2 EL Kokosraspeln | 7 Schokoladen-Dekorherzen | evtl. bunte Crispies

Zubereitung:
1. Für den Biskuit Eier trennen. Eiweiß zu steifem Schnee schlagen. Zucker nach und nach zugeben und so lange weiterschlagen, bis der Eischnee glänzend ist. Verquirltes Eigelb und Backaroma dazugeben. Mehl sieben und locker unterheben.
2. Die Backform mit Backpapier auslegen und dünn einfetten. Die Biskuitmasse daraufstreichen. Im vorgeheizten Backofen bei 200 °C Ober-/Unterhitze etwa 8 Minuten backen.
3. Den Biskuit sofort auf ein feuchtes Küchentuch stürzen und das Papier abziehen. Den Biskuit von der breiten Seite her rasch aufrollen und im Küchentuch auskühlen lassen.
4. Tiroler Bröseltopfen in eine Schüssel geben, Stalden Creme Grand Marnier und Likör dazugeben. Alles gut vermengen.
5. Den ausgekühlten Biskuit auseinanderrollen, mit Topfencreme bestreichen und wieder aufrollen. In Alufolie einwickeln und kalt stellen.
6. Aprikosen abtropfen lassen. Erdbeeren waschen und auf Küchenpapier geben.
7. Die Biskuitroulade mit Puderzucker bestäuben und in 7 gleiche Stücke schneiden. Jedes Stück auf die Schnittseite aufstellen. Auf jedes Törtchen etwas Stalden Creme Grand Marnier geben und mit Kokosraspeln bestreuen. Oben eine Aprikosenhälfte platzieren und in die Mitte der Aprikose eine Erdbeere setzen. Mit Schokoladenherzen verzieren.
8. Vor dem Servieren großzügig mit Stalden Creme Grand Marnier übergießen. Nach Wunsch mit bunten Crispies anrichten.

Pro Stück: 400 Kilokalorien, 10 g Eiweiß, 13 g Fett, 58 g Kohlenhydrate

Karambole-Mango-Törtchen

Backblech: 30 x 40 cm
(für ca. 6 Stück)

Zutaten:

Für den Biskuit:
5 Eier | 150 g Zucker | 2–3 Tropfen Backaroma Zitrone | 125 g Mehl

Für die Mango-Sektcreme:
12 Blatt weiße Gelatine | 1 Bio-Zitrone | 2 Eier | 50 g Zucker | 125 ml Sekt | 2–3 reife Mangos | 100 g Schlagsahne

Für die Verzierung:
300 g Schlagsahne | 1 Pck. Sahnesteif | 1 Pck. Vanillezucker | 50–100 g gehackte, geröstete Haselnüsse | Zimt | 1–2 Karambole

Zubereitung:

1. Für den Biskuit Eier trennen. Eiweiß zu steifem Schnee schlagen. Zucker nach und nach zugeben und so lange weiterschlagen, bis der Eischnee glänzend ist. Verquirltes Eigelb und Backaroma dazugeben. Mehl sieben und unterheben.
2. Das Backblech mit Backpapier auslegen und dünn einfetten. Die Biskuitmasse daraufstreichen. Im vorgeheizten Backofen bei 200 °C Ober-/Unterhitze etwa 8 Minuten backen.
3. Den Biskuit sofort auf ein feuchtes Küchentuch stürzen und das Papier abziehen. Den Biskuit von der breiten Seite her rasch aufrollen und im Küchentuch auskühlen lassen.
4. Für die Creme Gelatine nach Packungsanweisung einweichen.
5. Zitrone heiß waschen und trocken reiben. Zitronenschale abreiben, Saft auspressen. Eier trennen. Eigelb, Zucker, Zitronenschale, Sekt und Zitronensaft in einem Topf verrühren und aufkochen. Den Topf vom Herd nehmen.
6. Gelatine ausdrücken, in die heiße Creme geben und unter Rühren darin auflösen. Mangos schälen, das Fruchtfleisch vom Kern abschneiden und klein schneiden. Mangos unter die Sektcreme rühren und abkühlen lassen.
7. Eiweiß steif schlagen, unter die Creme heben und 1 Stunde kalt stellen.
8. 100 g Schlagsahne steif schlagen. Sobald die Creme zu gelieren beginnt, Sahne unterheben.
9. Den ausgekühlten Biskuit auseinanderrollen, mit Mango-Sektcreme bestreichen und wieder fest aufrollen. In Alufolie einwickeln und 1 Stunde kalt stellen.
10. Für die Verzierung Schlagsahne steif schlagen, dabei Sahnesteif und Vanillezucker einrieseln lassen.
11. Die Biskuitroulade aus dem Kühlschrank nehmen. Die Alufolie entfernen, die Roulade mit Sahne bestreichen und mit Nüssen bestreuen. In 6 Stücke schneiden, vorsichtig aufstellen und in bunte Muffinförmchen aus Papier setzen. Die übrig gebliebene Sahne in einen Spritzbeutel füllen, auf die Biskuittörtchen spritzen und mit etwas Zimt bestäuben.
12. Karambole quer schneiden und die „Sternchen" oben auf den Törtchen platzieren.

Pro Stück: 670 Kilokalorien, 17 g Eiweiß, 35 g Fett, 66 g Kohlenhydrate

Karambole-Mango-Törtchen

Zuckerhäuschen auf Stachelbeer-Kiwi-Törtchen

Zuckerhäuschen auf Stachelbeer-Kiwi-Törtchen

Backform mit hohem Rand: 25 x 37 cm, 9 Dessertringe (Ø 7 cm)

Zutaten: (für ca. 9 Stück)

Für die Zuckerhäuschen:
600 g gesiebter Puderzucker I 3 Eiweiß I 9 Schmetterlinge aus essbarem Papier (zu bestellen unter www.hobbybaecker.de)

Für den Teig:
1 Ei I 25 g Zucker I 25 g weiche Butter I 50 g Mehl I 1 TL Backpulver I 25 g weiße Schokolade

Für die Stachelbeer-Kiwi-Creme:
6 Blatt Gelatine I 3 Eiweiß I 150 g Zucker I 6 EL Stachelbeer-Kiwi-Marmelade

Für die Verzierung:
1 Beutel gemahlene Pistazien (ca. 25 g) I
9 violette Zuckerblumen und 18 Zuckerblätter (www.guenthart.de)

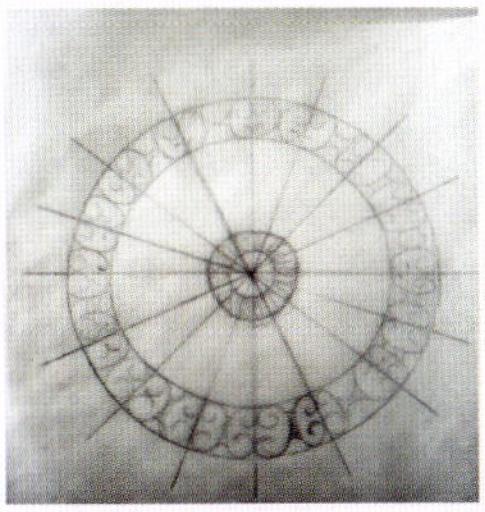

Zubereitung:

1. Für die Dächer 9 Kreise (je Ø 8 cm) auf Backpapier zeichnen, in jeden Kreis noch je 2 kleinere Kreise, dann von der Mitte nach außen strahlenförmig Streifen zeichnen. Backpapier umdrehen.
2. Dann 9 Rechtecke (19 x 4 cm) auf Backpapier zeichnen. Die Rechtecke ausschneiden, dabei einen schmalen Streifen Backpapier ringsum lassen. Im Rechteck vertikal ein paar Streifen zeichnen. Backpapier umdrehen.
3. Puderzucker und Eiweiß verrühren, bis ein zäh fließender Guss entstanden ist. Guss in eine spezielle Garnierspritze oder in eine Papierspritztüte füllen. Die vorgezeichneten Ringe, Streifen und Rechtecke aufspritzen.
4. Die Rechtecke auf Backpapier vorsichtig um einen Dessertring stellen und mit einem Klebestreifen befestigen. Die Kreise für das Dach bis zur Mitte einmal aufschneiden und die Papierenden so zusammenführen, dass ein leichter Konus entsteht. Mit Klebestreifen fixieren, oben auf die Dessertringe legen und alles über Nacht trocknen lassen.
5. Für den Teig Ei und Zucker cremig schlagen. Sehr weiche Butter dazugeben und alles gut verrühren. Mehl und Backpulver mischen, sieben und zur Ei-Zucker-Masse hinzufügen. Schokolade fein zerkleinern und dazugeben. Alles zu einem glatten Teig verrühren.
6. Die Backform mit einem Streifen Alufolie quer halbieren. Den Teig in die Hälfte der Backform geben und im vorgeheizten Backofen bei 200 °C Ober-/Unterhitze etwa 8 Minuten backen. Auskühlen lassen.
7. 9 Dessertringe in den Teig stechen und darin stecken lassen.
8. Für die Creme Gelatine nach Packungsanweisung einweichen.
9. Eiweiß und Zucker sehr steif schlagen, bis die Masse glänzt.
10. Eingeweichte Gelatine ausdrücken und im heißen Wasserbad auflösen. Etwas Ei-Zucker-Masse zur Gelatine geben und mit einem Schneebesen unter die Gelatine rühren. Dann den Rest der Ei-Zucker-Masse hinzufügen und vorsichtig einrühren. Stachelbeer-Kiwi-Marmelade unterrühren.
11. Die Stachelbeer-Kiwi-Creme in den Dessertringen verteilen und etwa 30 Minuten kalt stellen, bis sie fest geworden ist.
12. Die Dessertringe vorsichtig hochziehen, mit einem scharfen Messer den Rand lösen.
13. Dann vorsichtig die Spitzenornamente vom Backpapier lösen. Die „Wand" des Häuschens vorsichtig auf die Kiwitörtchen setzen. Einen Schmetterling in der Mitte platzieren und das „Dach" vorsichtig auflegen. Alles zu einem Zuckerhäuschen zusammenbauen und eventuell mit etwas Guss zusammenkleben.
14. Die Törtchen mit Pistazien bestreuen und mit Zuckerblumen und -blättern schmücken.

Pro Stück: 180 Kilokalorien, 4 g Eiweiß, 3 g Fett, 34 g Kohlenhydrate

Nuss-Karamell-Törtchen

Nuss-Karamell-Törtchen

Backform mit hohem Rand: 25 x 37 cm

Zutaten: (für ca. 20 Stück)

Für den Teig:
6 Eier I 300 g Zucker I 250 g Mehl I 1 TL Backpulver I 200 g weiche Butter I 100 g gemahlene Mandeln I 200 g gehackte, geröstete Mandeln

Für die Walnusscreme:
250 g weiche Butter I 1 Dose gezuckerte Kondensmilch (397 g) I 2–3 EL Walnusslikör

Außerdem:
350 g Zucker I 200 ml Wasser I 100 g gehackte Walnüsse I 150 g Mandelstifte I 1–2 EL Haselnusssirup

Zubereitung:

1. Für den Teig Eier und Zucker schaumig schlagen. Mehl, Backpulver, weiche Butter und gemahlene Mandeln hinzufügen und gut verrühren.
2. Die Backform mit dem Backpapier auslegen, fetten und die Teigmasse darauf glatt streichen. Im vorgeheizten Backofen bei 200 °C Ober-/Unterhitze etwa 20 Minuten backen.
3. Den gebackenen Boden herausnehmen, 1–2 Minuten ruhen lassen und mit einem Glas (Ø 6 cm) 20 Kreise ausstechen. Den Rest mit den Händen zerbröseln und die gehackten, gerösteten Mandeln untermischen.
4. Für die Walnusscreme weiche Butter und Kondensmilch gut aufschlagen. Mit Walnusslikör aromatisieren.
5. Die Törtchen waagerecht durchschneiden. Mit Walnusscreme innen und von allen Seiten bestreichen. Die Mandel-Krümel-Masse an die Seiten der Törtchen andrücken. 1 Stunde kalt stellen.
6. In der Zwischenzeit 200 g Zucker in einer Pfanne langsam hellbraun karamellisieren. Mit 200 ml Wasser ablöschen und so lange köcheln lassen, bis sich der Zucker gelöst hat. Walnüsse und Mandelstifte dazugeben und darin wenden. Von der Herdplatte wegziehen und Haselnusssirup hinzufügen. Alles gut verrühren.
7. Die karamellisierten Nüsse mit einem Esslöffel auf die Törtchen verteilen.
8. Auf der Arbeitsfläche etwas Alufolie auslegen. Den restlichen Zucker karamellisieren und noch heiß mit einem Teelöffel so auf die Alufolie sprenkeln, dass kleine Filigrane Kreise entstehen. Auskühlen lassen und die Törtchen damit verzieren.

Pro Stück: 600 Kilokalorien, 10 g Eiweiß, 38 g Fett, 55 g Kohlenhydrate

Amarenakirschtörtchen

Backform mit hohem Rand: 25 x 37 cm, 9 Dessertringe (Ø 7 cm)

Zutaten: (für ca. 9 Stück)

Für den Amarenakirsch-Schoko-Teig:
1 Ei | 25 g Zucker | 25 g weiche Butter | 50 g Mehl | 1 TL Backpulver |
25 g Vollmilchschokolade mit Amarenakirschfüllung

Für die Kirschcreme:
6 Blatt Gelatine | 3 Eiweiß | 150 g Zucker | 6 EL Schwarzkirschkonfitüre

Für die Verzierung:
1 Pck. roter Tortenguss | 2 EL Zucker | 100 ml Kirschsirup | 150 ml kaltes Wasser |
300 g Schlagsahne | 1 Pck. Sahnesteif | 1 Pck. Vanillezucker | 18 Kirschen |
9 Schoko-Aufleger Schlangen (www.hobbybaecker.de)

Zubereitung:
1. Für den Teig Ei und Zucker cremig schlagen. Sehr weiche Butter dazugeben und alles gut verrühren. Mehl und Backpulver mischen, sieben und zur Ei-Zucker-Masse hinzufügen. Schokolade mit einem Messer fein schneiden und dazugeben. Alles zu einem glatten Teig verrühren.
2. Die Backform mit einem Streifen Alufolie halbieren. Den Teig auf der Hälfte der gefetteten Backform glatt streichen. Im vorgeheizten Backofen bei 200 °C Ober-/Unterhitze etwa 8 Minuten backen.
3. Den Teig etwas auskühlen lassen. 9 Dessertringe in den Teig stechen und darin stecken lassen.
4. Für die Creme Gelatine nach Packungsanweisung einweichen.
5. Eiweiß und Zucker sehr steif schlagen, bis die Masse glänzt.
6. Gelatine leicht ausdrücken und in einem heißen Wasserbad auflösen. Etwas Ei-Zucker-Masse zur Gelatine geben und mit einem Schneebesen unterrühren, dann den Rest der Eiweiß-Zucker-Masse hinzufügen und langsam einrühren. Kirschkonfitüre dazugeben und unterrühren. Die Kirschcreme in den Dessertringen verteilen und etwa 30 Minuten in den Kühlschrank stellen.
7. Tortenguss und Zucker in einem kleinen Topf mischen. Kirschsirup und kaltes Wasser nach und nach dazugeben und glatt rühren. Die Flüssigkeit unter Rühren zum Kochen bringen und kurz aufkochen. Guss etwas abkühlen lassen und dann mit einem Esslöffel auf die Kirschcreme geben. Sofort entsteht ein schönes Muster auf der Oberfläche des Törtchens. Die Kirschtörtchen wieder kalt stellen.
8. Schlagsahne mit Sahnesteif und Vanillezucker steif schlagen. In einen Spritzbeutel mit Lochtülle füllen und auf die Törtchen spritzen. Mit Kirschen und Schoko-Aufleger Schlangen verzieren. Im Kühlschrank aufbewahren.

Pro Stück: 580 Kilokalorien, 9 g Eiweiß, 28 g Fett, 72 g Kohlenhydrate

Amarenakirschtörtchen

Trüffeltörtchen mit Veilchen

Backform mit hohem Rand: 25 x 37 cm, Backrahmen: 25 x 37 cm

Zutaten: (für 25–30 Stück)

Für den Teig:
400 g Mehl I 1 Pck. Backpulver I 1 TL Natron I 250 g weiche Butter I 200 g Zucker I 4 Eigelb I 1 EL Schmand

Für den Nussbelag:
4 Eiweiß I 150 g Puderzucker I 300 g grob gehackte Walnüsse I 1 Pck. Zitronenschale

Für die Trüffelcreme:
400 g Zartbitterschokolade I 400 g Crème double I 240 g Mascarpone

Für die Ganache:
375 g Zartbitterschokolade I 450 g Crème double I 1–2 TL Rum

Für die Verzierung:
50 g gehackte Pistazien I 25–30 Veilchen (Zuckerdekor) I 25–30 weiße Dekor-Schokoblätter

Zubereitung:
1. Für den Teig Mehl mit Backpulver und Natron mischen. Restliche Zutaten hinzufügen. Alles zu einem glatten Teig verkneten.
2. Für den Nussbelag Eiweiß mit Puderzucker steif schlagen. Gehackte Walnüsse und Zitronenschale hinzufügen und gut verrühren.
3. Die Backform mit Backpapier auslegen. Den Teig halbieren. Eine Hälfte auf ca. 25 x 37 cm ausrollen und in die Form legen. Mit der Hälfte des Nussbelags bestreichen und im vorgeheizten Backofen bei 190 °C Ober-/Unterhitze etwa 15 Minuten backen. Herausnehmen und abkühlen lassen. Die zweite Teighälfte in gleicher Weise backen und auskühlen lassen.
4. Für die Trüffelcreme Schokolade hacken. Crème double in einem Topf unter Rühren vorsichtig aufkochen. Schokolade hinzufügen und unter Rühren schmelzen lassen. Auskühlen lassen und die Mascarpone dazugeben. Alles gut vermischen.
5. Den Tortenboden mit dem Nussbelag nach oben auf ein mit Backpapier belegtes Arbeitsbrett legen. Einen Backrahmen darumstellen und die Hälfte der Trüffelcreme daraufstreichen. Den zweiten Tortenboden mit dem Nussbelag nach unten darauflegen und mit der restlichen Trüffelcreme bestreichen. 1–2 Stunden in den Kühlschrank stellen.

6. Für die Ganache Schokolade hacken. Crème double unter ständigem Rühren aufkochen. Schokolade zugeben und unter Rühren schmelzen lassen. Abkühlen lassen. Dann Rum hinzufügen und alles gut verrühren. Etwas fest werden lassen und in einen Spritzbeutel mit Sterntülle füllen.
7. Den Kuchen aus dem Kühlschrank nehmen und den Backrahmen entfernen.
8. Das Gebäck in 25 – 30 Stücke schneiden. Die Ganache um die Törtchen herum aufspritzen und mit Pistazien, Veilchen und Schokoblättern verzieren.

Pro Stück: 520 Kilokalorien, 7 g Eiweiß, 38 g Fett, 38 g Kohlenhydrate

Physalis-Feigen-Törtchen

Physalis-Feigen-Törtchen

Springform Ø 26 cm
Zutaten: (für 8 Stück)

Für die Götterspeise:
1 Beutel Götterspeise Himbeergeschmack | 100 g Zucker

Für den Walnussteig:
150 g weiche Butter | 150 g Zucker | 4 Eier | 200 g gemahlene Walnüsse | 1 TL Backpulver | abger. Schale von 1 Bio-Orange

Für die Vanillecreme:
12 Blatt Gelatine | 300 g Vanillejoghurt | 600 g Doppelrahmfrischkäse | 125 g Zucker | 300 g Physalis

Für den Guss:
1 Pck. roter Tortenguss | 20 g Zucker | ⅛ l roter Traubensaft | ⅛ l Wasser

Für die Verzierung:
2–3 reife Feigen | 8 Physalis

Zubereitung:

1. Götterspeise nach Packungsanweisung mit Zucker und ½ l Wasser zubereiten, in eine flache Schale gießen, in den Kühlschrank stellen und fest werden lassen.
2. Für den Teig Butter und Zucker schaumig schlagen. Eier einzeln unterrühren. Walnüsse, Backpulver und Orangenschale hinzufügen und gut vermengen.
3. Den Boden einer Springform einfetten, den Teig einfüllen und glatt streichen. Im vorgeheizten Backofen bei 175 °C Ober-/Unterhitze etwa 25 Minuten backen. Auskühlen lassen.
4. Für die Creme Gelatine nach Packungsanweisung einweichen. Joghurt, Frischkäse und Zucker verrühren. Physalis aus der Basthülle lösen und unterheben.
5. Eingeweichte Gelatine ausdrücken und im warmen Wasserbad auflösen. Etwas Creme zur Gelatine geben und gut verrühren. Dann die restliche Creme hinzufügen und alles gut vermengen. Die Creme auf den Nussboden geben und glattstreichen. Etwa 30 Minuten kalt stellen.
6. Aus Tortengusspulver, Zucker, Traubensaft und Wasser nach Packungsanweisung einen Guss zubereiten. 1 Minute abkühlen lassen. Den Guss gleichmäßig auf die Creme geben. Die Torte 1 Stunde kalt stellen.
7. Den Springformrand lösen und entfernen. Die Torte in 8 große Stücke schneiden.
8. Götterspeise in dünne Streifen schneiden. Feigen waschen und in Scheiben schneiden. Törtchen mit Götterspeise, Physalis und Feigen verzieren.

Pro Stück: 810 Kilokalorien, 20 g Eiweiß, 59 g Fett, 51 g Kohlenhydrate

Erdbeer-Pistazien-Törtchen

Backform mit hohem Rand: 25 x 37 cm, 9 Dessertringe (Ø 7 cm)

Zutaten: (für ca. 9 Stück)

Für den Teig:
1 Ei | 25 g Zucker | 25 g weiche Butter | 50 g Mehl | 1 TL Backpulver | 25 g weiße Schokolade mit Erdbeerstückchen

Zum Tränken:
3–4 EL Erdbeerlikör | 50 ml Erdbeersirup

Für die Erdbeercreme:
6 Blatt Gelatine | 3 Eiweiß | 150 g Zucker | 6 EL Erdbeerkonfitüre

Zum Verzieren:
200 g weiße Schokolade | 2 EL Eierlikör | 50 g gemahlene Pistazien | 9 reife Erdbeeren

Zubereitung:

1. Für den Teig Ei und Zucker cremig schlagen. Weiche Butter dazugeben und alles gut verrühren. Mehl und Backpulver mischen, sieben und zur Ei-Zucker-Masse hinzufügen. Schokolade fein schneiden und dazugeben. Alles zu einem glatten Teig verrühren.
2. Die Backform fetten und mit einem Streifen Alufolie quer halbieren.
   Den Teig auf der Hälfte der Backform glatt streichen. Im vorgeheizten Backofen bei 200 °C Ober-/Unterhitze etwa 8 Minuten backen.
3. Den Teig etwas auskühlen lassen. 9 Dessertringe in den Teig stechen und darin stecken lassen. Erdbeerlikör und Erdbeersirup mischen und den Tortenboden in den Dessertringen tränken.
4. Für die Creme Gelatine nach Packungsanweisung einweichen.
5. Eiweiß und Zucker sehr steif schlagen, bis die Masse glänzt.
6. Gelatine leicht ausdrücken und im heißen Wasserbad unter Rühren auflösen.
   Etwas Ei-Zucker-Masse zur Gelatine geben und mit einem Schneebesen unter die Gelatine rühren. Dann den Rest der Ei-Zucker-Masse hinzufügen und langsam einrühren. Erdbeerkonfitüre dazugeben und unterrühren. Die Erdbeercreme in den Dessertringen verteilen und etwa 30 Minuten kalt stellen.
7. Weiße Schokolade hacken und im heißen Wasserbad schmelzen lassen. Eierlikör hinzufügen und gut verrühren.
8. Die Törtchen mit Eierlikör-Schokolade begießen. Mit Pistazien bestreuen und jeweils eine Erdbeere darauf platzieren.

Pro Stück: 380 Kilokalorien, 6 g Eiweiß, 14 g Fett, 55 g Kohlenhydrate

Erdbeer-Pistazien-Törtchen

Schokoladen-Himbeer-Törtchen

Backblech: 30 x 40 cm, Backrahmen: 25 x 37 cm, 1 runder Ausstecher (Ø 1 cm)

Zutaten: (für 16 Stück)

Für den Teig:
100 g weiche Butter I 150 g Zucker I 1 Pck. Vanillezucker I
abger. Schale von 1 Bio-Orange I 3 Eier I 200 g Schmand I 300 g Mehl I 2 TL Backpulver

Für die Creme:
3 Blatt weiße Gelatine I 1 Pck. Puddingpulver Erdbeergeschmack I 250 ml Milch I
250 g Schlagsahne I 200 g weiße Schokolade mit Himbeere I 1–2 EL Himbeerlikör

Für die Glasur:
400 g Crème fraîche I 40 g Butter I 300 g Halbbitterkuvertüre

Für die Verzierung:
Tortendekor (www.guenthart.de) I 100 g gehackte, geröstete Mandeln I
100 g Himbeergelee I 3 EL Himbeerlikör I 300 g Schlagsahne I 1 Pck. Sahnesteif I
1 Pck. Vanillezucker I 16 Himbeeren I Schokodekor I Blattgold (nach Belieben)

Zubereitung:

1. Für den Teig Butter cremig schlagen. Zucker, Vanillezucker, Orangenschale, Eier und Schmand dazugeben. Alles gut verrühren. Mehl und Backpulver mischen, sieben und unterrühren.
2. Das Backblech mit Backpapier auslegen. Den Teig daraufgeben und glatt streichen. Im vorgeheizten Backofen bei 180 °C Ober-/Unterhitze etwa 20 Minuten backen.
3. Den Kuchen erkalten lassen und dann halbieren.
4. Für die Creme Gelatine nach Packungsanweisung einweichen.
5. Puddingpulver mit 4 EL Milch anrühren. Die restliche Milch und Sahne aufkochen. Die grob gehackte weiße Schokolade zugeben und so lange rühren, bis sie sich aufgelöst hat.
6. Das angerührte Puddingpulver in die heiße Schokoladenmasse geben und unter Rühren etwa 1 Minute aufkochen lassen. Topf von der Kochstelle nehmen. Gelatine leicht ausdrücken und unter Rühren im heißen Pudding auflösen. Himbeerlikör dazugeben und gut verrühren. Etwas abkühlen lassen.
7. Eine Hälfte der Gebäckplatte mit der glatten Seite nach unten auf das Arbeitsbrett legen und einen Backrahmen darumstellen. Die lauwarme Schokoladencreme einfüllen und glatt streichen. Die zweite Gebäckhälfte mit der glatten Seite nach oben legen und leicht andrücken. 1 Stunde kalt stellen.
8. Den Backrahmen entfernen und den Kuchen in 16 Stücke schneiden.
9. Für die Glasur Crème fraîche und Butter unter Rühren zum Kochen bringen und die Kuvertüre stückchenweise bei mittlerer Hitze darin schmelzen. Etwas abkühlen lassen und die Törtchen mit der Kuvertüre überziehen. Tortendekor in Stückchen brechen. Törtchenseiten mit Dekor und Mandeln verzieren. Im Kühlschrank fest werden lassen.

→

Schokoladen-Himbeer-Törtchen

10. Mit dem Ausstecher in der Mitte der Törtchen ein kleines Loch ausstechen.
11. Himbeergelee und -likör in einer kleinen Schüssel verrühren und das Loch damit auffüllen.
12. Aus dem ausgestochenen Teig eine kleine „Kappe" auf das Loch setzen und vorsichtig hineindrücken.
13. Schlagsahne mit Sahnesteif und Vanillezucker steif schlagen, in einen Spritzbeutel mit Sterntülle füllen und die Schlagsahne so aufspritzen, dass die „aufgesetzte Kappe" nicht zu sehen ist. Auf die Sahne eine Himbeere platzieren und mitSchokodekor und eventuell etwas Blattgold verzieren.

Pro Stück: 630 Kilokalorien, 10 g Eiweiß, 41 g Fett, 56 g Kohlenhydrate

Kiwitörtchen mit Schmetterlingen

Kiwitörtchen mit Schmetterlingen

Backblech: 30 x 40 cm, Backrahmen: 18 x 25 cm, 9 Dessertringe (Ø 6 cm), Papierförmchen

Zutaten: (für ca. 9 Stück)

Für den Teig:
1 Ei | 25 g Zucker | 25 g weiche Butter | abger. Schale von 1 Bio-Zitrone | 50 g Mehl | 1 TL Backpulver

Für die Kiwicreme:
6 Blatt Gelatine | 3 Eiweiß | 150 g Zucker | 6 EL Kiwikonfitüre | abger. Schale von 1 Bio-Zitrone | 1–2 Tropfen grüne Speisefarbe

Für die Verzierung:
ca. 2 EL gemahlene Pistazien | Zuckerblumen, Zuckerblätter | 9 Schmetterlinge aus essbarem Papier (www.hobbybaecker.de)

Zubereitung:

1. Für den Teig Ei und Zucker cremig schlagen. Weiche Butter und Zitronenschale dazugeben und alles gut verrühren. Mehl und Backpulver mischen, sieben und zur Ei-Zucker-Masse hinzufügen. Alles zu einem glatten Teig verrühren.
2. Das Backblech mit Backpapier belegen und leicht fetten. Einen Backrahmen (18 x 25 cm) auf das Backblech stellen, den Teig hineingeben und glatt streichen. Im vorgeheizten Backofen bei 200 °C Ober-/Unterhitze etwa 8 Minuten backen.
3. Den Teig etwas auskühlen lassen. Den Backrahmen lösen und entfernen.
4. 9 Dessertringe in den Teig stechen und darin stecken lassen.
5. Für die Creme Gelatine nach Packungsanweisung einweichen.
6. Eiweiß und Zucker sehr steif schlagen, bis die Masse glänzt.
7. Gelatine leicht ausdrücken und im heißen Wasserbad unter Rühren auflösen. Etwas Ei-Zucker-Masse zur Gelatine geben und mit einem Schneebesen unter die Gelatine rühren. Dann den Rest der Ei-Zucker-Masse hinzufügen und langsam einrühren. Kiwikonfitüre und Zitronenschale unterrühren.
8. Die Creme nach Geschmack mit ein paar Tropfen Speisefarbe zartgrün färben. Die Kiwicreme in den Dessertringen auf dem Tortenboden verteilen und etwa 30 Minuten in den Kühlschrank stellen.
9. Die Dessertringe vorsichtig hochziehen. Die Törtchen mit gemahlenen Pistazien bestreuen, mit Zuckerblumen und -blättern verzieren. Jeweils mit einem Schmetterling dekorieren. Die Törtchen in die Papierförmchen setzen und servieren.

Pro Stück: 180 Kilokalorien, 3 g Eiweiß, 4 g Fett, 33 g Kohlenhydrate

Weingeleetörtchen

Backform mit hohem Rand: 18 x 25 cm, 9 Dessertringe (Ø 6 cm), Papierförmchen

Zutaten: (für ca. 9 Stück)

Für den Teig:
1 Ei | 25 g Zucker | 25 g weiche Butter | abger. Schale von 1 Bio-Orange | 50 g Mehl | 1 TL Backpulver

Für die Weingeleecreme:
6 Blatt Gelatine | 3 Eiweiß | 150 g Zucker | 6 EL Weingelee | abger. Schale von 1 Bio-Orange

Für die Verzierung:
2 EL Kokosraspel | 27 Weintrauben | 1 EL Stachelbeermarmelade | bunte Zuckerperlen | Schokostäbchen

Zubereitung:

1. Für den Teig Ei und Zucker cremig schlagen. Sehr weiche Butter und Orangenschale dazugeben und alles gut verrühren. Mehl und Backpulver mischen, sieben und zur Ei-Zucker-Masse hinzufügen. Alles zu einem glatten Teig verrühren.
2. Die Backform mit Backpapier belegen und leicht einfetten, den Teig hineingeben und glatt streichen. Im vorgeheizten Backofen bei 200 °C Ober-/Unterhitze etwa 8 Minuten backen.
3. Den Teig etwas auskühlen lassen. 9 Dessertringe in den Teig stechen und darin stecken lassen.
4. Für die Creme Gelatine nach Packungsanweisung einweichen.
5. Eiweiß und Zucker sehr steif schlagen, bis die Masse glänzt.
6. Gelatine leicht ausdrücken und im heißen Wasserbad unter Rühren auflösen. Etwas Ei-Zucker-Masse zur Gelatine geben und mit einem Schneebesen unter die Gelatine rühren, dann den Rest der Ei-Zucker-Masse hinzufügen und langsam einrühren. Weingelee und Orangenschale dazugeben und unterrühren. Die Creme in den Dessertringen auf dem Tortenboden verteilen und etwa 30 Minuten in den Kühlschrank stellen.
7. Die Dessertringe vorsichtig hochziehen. Die Törtchen allseitig mit Kokosraspeln bestreuen. Die Weintrauben waschen und trocken tupfen. Mit Stachelbeermarmelade bestreichen. Je drei Weintrauben auf einem Törtchen dekorativ platzieren. Bunte Zuckerperlen um die Weintrauben legen und mit Schokostäbchen verzieren. Die Törtchen in die Papierförmchen setzen.

Pro Stück: 190 Kilokalorien, 5 g Eiweiß, 6 g Fett, 29 g Kohlenhydrate

Weingeleetörtchen

Choco-Lait-Törtchen mit Himbeeren

Choco-Lait-Törtchen mit Himbeeren

Backform mit hohem Rand: 25 x 37 cm

Zutaten: (für ca. 7 Stück)

Für den Biskuit:
3 Eier | 50 g Zucker | 2–3 Tropfen Backaroma Bittermandel | 65 g Mehl

Für die Choco-Lait-Creme:
250 g Schokoladen-Frischkäse | 3 EL Stalden Creme Chocolate (gezuckerte Kondensmilch mit Schokolade) | 3 EL Schokoladenlikör (zum Beispiel „Mozart")

Außerdem:
2 EL Schokoladenpulver | 150 g Stalden Creme Chocolate | Schokoladendekor | 250 g frische Himbeeren | evtl. Puderzucker

Zubereitung:

1. Für den Biskuit Eier trennen. Eiweiß zu steifem Schnee schlagen. Zucker nach und nach zugeben und so lange weiterschlagen, bis der Eischnee glänzend ist. Verquirltes Eigelb und Backaroma dazugeben. Mehl sieben und locker unterheben.
2. Die Backform mit Backpapier auslegen und dünn einfetten. Die Biskuitmasse daraufstreichen. Im vorgeheizten Backofen bei 200 °C Ober-/Unterhitze etwa 8 Minuten backen.
3. Den Biskuit sofort auf ein feuchtes Küchentuch stürzen, das Papier abziehen. Den Biskuit von der breiten Seite her rasch aufrollen und im Küchentuch auskühlen lassen.
4. Schokoladen-Frischkäse in eine Schüssel geben, Stalden Creme und Likör zufügen. Alles gut verrühren.
5. Den ausgekühlten Biskuit auseinanderrollen, mit Creme bestreichen und wieder aufrollen. In Alufolie einwickeln und 1 Stunde kalt stellen.
6. Die Biskuitroulade mit Schokoladenpulver bestäuben, in 7 gleiche Stücke schneiden und jedes Stück auf die Schnittseite stellen. Auf jedes Törtchen etwas Stalden Creme Chocolate geben. Oben etwas versetzt Schokoladendekor platzieren und drei Himbeeren danebensetzen. Nach Wunsch mit Puderzucker bestäuben.

Pro Stück: 330 Kilokalorien, 9 g Eiweiß, 13 g Fett, 43 g Kohlenhydrate

Bunte Törtchen mit Kaschka-Malaschka

Backform mit hohem Rand: 25 x 37 cm, 15 Dessertringe (Ø 6 cm)

Zutaten: (für ca. 15 Stück)

Für den Teig:
2 Eier | 50 g Zucker | 50 g weiche Butter | abger. Schale von 1 Bio-Zitrone | 100 g Mehl | ½ Pck. Backpulver

Für die Kaschka-Malaschka (Grießbrei):
500 ml Milch | 1 Prise Salz | 70 g Hartweizengrieß | 2 EL Zitronensaft | 1 EL Zucker | 2 EL Limoncino (Likör) | 2 EL gehackte und geröstete Haselnüsse

Für die Creme:
3 Blatt Gelatine | 300 ml kalte Milch | 1 Pck. Dessertpulver „Paradiescreme Vanillegeschmack"

Für die Verzierung:
ca. 500 g Beeren (Rote und Schwarze Johannisbeeren, Brombeeren, Himbeeren) | 1 Pck. roter Tortenguss | 2 EL Zucker | ¼ l Wasser | Schokoladenfiligrane

Zubereitung:

1. Für den Teig Eier und Zucker cremig schlagen. Weiche Butter und Zitronenschale dazugeben und alles gut verrühren. Mehl und Backpulver mischen, sieben und zur Ei-Zucker-Masse hinzufügen. Alles zu einem glatten Teig verrühren.
2. Die Backform mit Backpapier auslegen und dünn einfetten. Den Teig daraufgeben und glatt streichen. Im vorgeheizten Backofen bei 200 °C Ober-/Unterhitze etwa 8 Minuten backen.
3. Gebackenen Boden herausnehmen, etwas abkühlen lassen, stürzen und das Papier abziehen. 15 Dessertringe in den ausgekühlten Teig stechen und darin stecken lassen.
4. Für die Kaschka-Malaschka die Milch in einem Topf aufkochen, 1 Prise Salz dazugeben, Grieß unter ständigem Rühren einstreuen und etwa 10 Minuten leise kochen lassen. Kaschka-Malaschka in eine Schüssel geben. Zitronensaft, Zucker, Limoncino und Nüsse dazugeben und alles gut verrühren. Kaschka-Malaschka in den Förmchen auf dem Teig verteilen.
5. Für die Creme Gelatine nach Packungsanweisung einweichen.
6. Milch und Cremepulver etwa 3 Minuten cremig aufschlagen.
7. Eingeweichte Gelatine etwas ausdrücken und im heißen Wasserbad auflösen. 2 EL Paradiescreme zur Gelatine geben, gut verrühren. Restliche Creme zugeben und unterrühren. In einen Spritzbeutel füllen. Die Paradiescreme auf die Kaschka-Malaschka geben und etwa 30 Minuten kalt stellen.

→ Bunte Törtchen mit Kaschka-Malaschka

8. Beeren waschen, trocken tupfen und die Törtchen mit Beeren belegen.
9. Für den Tortenguss den Inhalt des Beutels mit Zucker mischen und mit kaltem Wasser glatt rühren. Die Flüssigkeit zum Kochen bringen, dann teelöffelweise auf den Beeren verteilen. Die Törtchen etwa 30 Minuten kalt stellen.
10. Die Dessertringe vorsichtig hochziehen und die Törtchen mit Schokoladenfiligranen verzieren. Im Kühlschrank aufbewahren.

Pro Stück: 200 Kilokalorien, 5 g Eiweiß, 8 g Fett, 25 g Kohlenhydrate

Himbeertörtchen mit Champagnercreme

Himbeertörtchen mit Champagnercreme

Backform mit hohem Rand: 25 x 37 cm

Zutaten: (für 20 Stück)

Für die Champagnercreme:
300 ml Sahne | 75 g Zucker | 150 g Butter | 100 ml Champagner | Saft von ½ Zitrone | 1 Pck. Zitronenschale | 1–2 EL Aromapaste „Marc de Champagne" (www.hobbybaecker.de)

Für den Teig:
6 Eier | 300 g Zucker | 250 g Mehl | 1 TL Backpulver | 200 g weiche Butter | 100 g gemahlene Mandeln

Außerdem:
100 g geröstete Mandelblättchen | 500 g Schlagsahne | 3 Pck. Sahnesteif | 1 Pck. roter Tortenguss | 2 EL Zucker | ¼ l Wasser | 200–300 g Himbeeren

Zubereitung:

1. Für die Champagnercreme die Sahne mit dem Zucker aufkochen und von der Kochstelle ziehen. Butter darin schmelzen. Champagner, Zitronensaft und -schale einrühren. Über Nacht kalt stellen. Dabei die Creme mit Frischhaltefolie abdecken. Am nächsten Tag die Aromapaste hinzufügen und glatt rühren.
2. Für den Teig Eier und Zucker schaumig schlagen, bis die Masse weiß ist. Mehl, Backpulver, weiche Butter und Mandeln hinzufügen und gut verrühren.
3. Die Backform mit dem Backpapier auslegen, dünn einfetten und die Teigmasse darauf verteilen. Im vorgeheizten Backofen bei 200 °C Ober-/Unterhitze etwa 20 Minuten backen.
4. Den Boden herausnehmen, 1–2 Minuten ruhen lassen und mit einem Glas (Ø 6 cm) Kreise ausstechen. Den Rest des Bodens mit den Händen zu einer feinen Krümelmasse zerbröseln und 100 g geröstete Mandelblättchen untermischen.
5. Die Törtchen waagerecht durchschneiden. Mit Champagnercreme innen und von allen Seiten bestreichen und mit der Mandel-Krümelmasse „panieren". (Die Creme ist etwas flüssiger, zieht aber sehr gut in die Törtchen ein.) Die Törtchen 1 Stunde kalt stellen.
6. Sahne steif schlagen, dabei Sahnesteif einrieseln lassen. In einen Spritzbeutel füllen. Tortenguss mit Zucker und Wasser nach Packungsanweisung zubereiten. Jeweils in die Mitte der Törtchen 3 Himbeeren setzen und den Tortenguss mithilfe eines Pinsels auftragen. Die Schlagsahne um die Himbeeren herum aufspritzen und die Törtchen kalt stellen.

Pro Stück: 450 Kilokalorien, 6 g Eiweiß, 34 g Fett, 30 g Kohlenhydrate

Himbeerschiffchen

Backblech: 30 x 40 cm, Backrahmen: 30 x 40 cm

Zutaten: (für 9 Stück)

Für den Biskuit:
50 g Butter | 4 Eier | 200 g Zucker | 1 Pck. Vanillezucker | abger. Schale von 1 Bio-Zitrone | 150 g Mehl | 1 TL Backpulver

Zum Tränken:
1/8 l Birnensaft

Für die Himbeercreme:
300 ml kalte Milch | 1 Pck. Dessertpulver „Paradiescreme Vanillegeschmack" | 125 g frische Himbeeren

Außerdem:
9 große Himbeeren | Puderzucker

Zubereitung:
1. Für den Biskuit Butter zerlassen, etwas abkühlen lassen. Eier schaumig schlagen. Butter unterrühren. Zucker, Vanillezucker und abgeriebene Zitronenschale dazugeben und noch etwa 2 Minuten weiterschlagen. Mehl und Backpulver mischen, sieben und kurz unterrühren.
2. Das Backblech mit Backpapier auslegen und dünn fetten. Einen Backrahmen in Backblechgröße daraufstellen. Den Teig in den Backrahmen füllen und im vorgeheizten Backofen bei 180 °C Ober-/Unterhitze etwa 15 Minuten backen.
3. Den Backrahmen lösen und entfernen. Den Biskuit stürzen, das Backpapier vorsichtig abziehen und erkalten lassen.
4. Die Biskuitplatte mit Birnensaft tränken, halbieren und jede Hälfte in 9 Stücke schneiden.
5. Für die Creme kalte Milch mit Cremepulver etwa 3 Minuten cremig aufschlagen. Kalt stellen.
6. Etwa 6 Esslöffel der Creme in einen Spritzbeutel mit Lochtülle füllen und beiseitestellen.
7. Himbeeren pürieren, durch ein Sieb streichen und zur übrigen Creme geben. Alles gut verrühren und in einen Spritzbeutel mit Lochtülle füllen. Die Himbeercreme in dichten Tupfen auf 9 Biskuitstücke spritzen.
8. Auf die restlichen 9 Biskuitstücke jeweils einen Ring aus Paradiescreme spritzen. In den Ring eine Himbeere setzen. Diese Stücke auf die Himbeercreme legen und mit Puderzucker bestäuben.

Pro Stück: 280 Kilokalorien, 6 g Eiweiß, 9 g Fett, 44 g Kohlenhydrate

Himbeerschiffchen

Törtchen „Irina“

Backblech: 30 x 40 cm, Backrahmen

Zutaten: (für ca. 24 Stück)

Für den Biskuit:
10 Eier | 200 g Zucker | 1 Prise Salz | 250 g Mehl | 3–4 Tropfen Backaroma Zitrone

Für die Vanillecreme:
2 Pck. Vanille Puddingpulver | 4 EL Zucker | 1 l Milch | 4 Eigelb | 1 EL abger. Bio-Zitronenschale | 300 g Butter | 3 Pck. Vanillezucker | 100 g Puderzucker

Für die Verzierung:
300 g weiße Kuvertüre | 200 g Kokosraspeln | 400 g Sahne | 2 Pck. Sahnesteif | 3 Pck. Vanillezucker | Zuckerdekor | Marzipanrosen

Zubereitung:

1. Für den Biskuit Eier trennen. Eiweiß zu steifem Schnee schlagen. Zucker nach und nach dazugeben und so lange weiter schlagen, bis der Eischnee glänzend ist. Verquirltes Eigelb, Salz, das gesiebte Mehl und Backaroma zufügen und zu einem lockeren Teig vorsichtig verrühren.
2. Das gefettete Backblech mit Backpapier auslegen. Die Hälfte des Biskuits daraufstreichen und im vorgeheizten Backofen bei 200 °C Ober-/Unterhitze 8–10 Minuten backen.
3. Biskuit sofort auf ein mit Zucker bestreutes Arbeitsbrett stürzen, das Backpapier abziehen. Die zweite Hälfte der Biskuitmasse genauso backen, stürzen und abkühlen lassen.
4. Für die Vanillecreme das Puddingpulver mit Zucker, ⅛ l Milch, Eigelb und Zitronenschale anrühren. Die restliche Milch aufkochen, vom Herd nehmen, die Mischung einrühren und noch einmal aufkochen. Weiche Butter cremig aufschlagen, nach und nach Vanillezucker und Puderzucker einrieseln lassen und unter den erkalteten Pudding rühren. Auskühlen lassen.
5. Einen Biskuitboden auf das Holzbrett legen und den Backrahmen darumstellen. Vanillecreme darauf verteilen. Den zweiten Biskuitboden daraufsetzen und etwas fest andrücken. 1 Stunde kalt stellen.
6. Kuvertüre im warmen Wasserbad schmelzen lassen, auf die Biskuittorte gießen und glatt streichen. Etwas abkühlen lassen und mit einem scharfen Messer in Rechtecke schneiden.
7. Schlagsahne mit Sahnesteif und Vanillezucker steif schlagen. Die Törtchen von allen Seiten damit bestreichen und Kokosraspeln fest andrücken. Zuckerdekor oder Marzipanrosen auf die Törtchen legen und bis zum Verzehr im Kühlschrank aufbewahren.

Pro Stück: 450 Kilokalorien, 7 g Eiweiß, 30 g Fett, 40 g Kohlenhydrate

Törtchen „Irina“

Törtchen „Irina“

Tipp

Wer die Törtchen beispielsweise zum Geburtstag verschenken möchte fertigt noch ein „Glückwunsch-Schild“ aus Marzipanrohmasse an.

Meeresklippen

Backblech: 30 x 40 cm
(für 20 Stück)

Zutaten:

Für den Teig:
400 g Mehl | 1 Pck. Backpulver | 250 g weiche Butter | 1 TL Natron | 200 g Zucker | 4 Eigelb | 1 EL Schmand

Für den Nussbelag:
4 Eiweiß | 150 g Puderzucker | 300 g grob gehackte Walnüsse

Für die Trüffelcreme:
400 g Crème double | 400 g weiße Schokolade | 240 g Mascarpone

Für die Verzierung:
600 g Schlagsahne | 3 Pck. Sahnesteif | 3 Pck. Vanillezucker | blaue Speisefarbe | Zuckerperlen (Silber) | 20 Stück Zuckerdekor (zum Beispiel Bärchen im Boot, erhältlich unter www.guenthart.de)

Zubereitung:

1. Für den Teig Mehl mit Backpulver mischen. Restliche Zutaten hinzufügen. Alles zu einem glatten Teig verkneten.
2. Für den Nussbelag Eiweiß mit Puderzucker steif schlagen. Gehackte Walnüsse zur Eiweißmasse hinzufügen und gut unterrühren.
3. Den Teig halbieren. Das Backblech mit Backpapier belegen. Eine Hälfte des Teigs in Größe des Backblechs ausrollen und darauflegen. Den Teig mit der Hälfte des Nussbelags bestreichen und im vorgeheizten Backofen bei 190 °C Ober-/Unterhitze etwa 15 Minuten backen. Die zweite Teighälfte in gleicher Weise ausrollen, belegen, backen und auskühlen lassen.
4. Für die Trüffelcreme Crème double vorsichtig aufkochen. Weiße Schokolade fein hacken, hinzufügen und schmelzen lassen, dabei stets umrühren. Auskühlen lassen und die Mascarpone dazugeben. Alles gut vermischen.
5. Den Tortenboden auf eine Arbeitsfläche mit dem Nussbelag nach oben legen und die Hälfte der Trüffelcreme daraufstreichen. Den zweiten Tortenboden mit dem Nussbelag nach unten darauflegen und mit der restlichen Trüffelcreme bestreichen. 1 Stunde kalt stellen.
6. Schlagsahne steif schlagen, dabei Sahnesteif und Vanillezucker nach und nach dazugeben. Die steife Schlagsahne mit ein paar Tropfen Speisefarbe blau färben. In einen Spritzbeutel mit Sterntülle füllen und blaue Wellen auf die Torte aufspritzen. In Stücke schneiden und mit Zuckerperlen und -dekor verzieren. Die Meeresklippen im Kühlschrank aufbewahren.

Pro Stück: 680 Kilokalorien, 8 g Eiweiß, 50 g Fett, 49 g Kohlenhydrate

Schoko-Nuss-Kugeln

Springform Ø 26 cm, 12–14 bunte Muffinförmchen

Zutaten: (für 12–14 Stück)

Für den Nussteig:
3 Eier | 150 g Zucker | 150 g Mehl | ½ TL Backpulver | 100 g weiche Butter | 1 Prise Zimt | 3–4 Tropfen Bittermandelaroma | 50 g gemahlene Haselnüsse

Für die karamellisierten Nüsse:
50 g Zucker | 50 ml Wasser | 50 g gehackte Mandeln | 100 g Walnusshälften

Für die Schokoladencreme:
1 Pck. Schokoladenpuddingpulver | 500 ml Milch | 40 g Zucker | 4 EL Kaffeelikör

Für die Verzierung:
je 1 Pck. weiße und schwarze Schokolocken | 12–14 Schokodekorblätter | 12–14 Schokodekorschmetterlinge

Zubereitung:
1. Für den Teig Eier und Zucker schaumig schlagen. Mehl, Backpulver, sehr weiche Butter, Zimt, Backaroma und Haselnüsse hinzufügen und gut verrühren.
2. Die Springform einfetten und den Teig hineingeben. Glatt streichen und im vorgeheizten Backofen bei 200 °C Ober-/Unterhitze etwa 15 Minuten backen.
3. Nach dem Backen den Tortenboden etwas abkühlen lassen und mit den Händen grob zerrupfen.
4. Für die Nüsse Zucker und Wasser unter Rühren langsam erhitzen, bis sich der Zucker aufgelöst hat. Zum Kochen bringen und sprudelnd kochen lassen, bis ein heller Karamell entsteht. Mandeln und Walnüsse unterheben und unter Rühren etwa 1 Minute karamellisieren. Die Masse auf ein großes Stück Backpapier geben und fest werden lassen.
5. Für die Creme aus Puddingpulver, Milch und Zucker nach Packungsanweisung einen Pudding kochen. Abkühlen lassen.
6. Karamellisierte Nüsse mit einem großen Messer klein hacken. Die zerzupften Teigstückchen in eine große Schüssel geben. Den Pudding, karamellisierte Nüsse und Kaffeelikör dazugeben und mit einem Löffel alles gut vermengen. Aus der Masse 12–14 Kugeln formen.
7. Weiße und schwarze Schokolocken in einem tiefen Teller mischen. Die Kugeln darin wälzen und in Muffinförmchen setzen. Mit Schokodekor verzieren und kalt stellen.

Pro Stück: 350 Kilokalorien, 7 g Eiweiß, 17 g Fett, 41 g Kohlenhydrate

Schoko-Nuss-Kugeln

Limoncino-Törtchen

Backform: 25 x 37 cm, Ausstechform (Ø 6 cm)

Zutaten: (für 6 Stück)

Für den Biskuit:
2 Eier I 60 g Zucker I 1 Pck. Vanillezucker I abger. Schale von 1 Bio-Zitrone I 50 g Weizenmehl I 1 gestr. TL Backpulver I 1 TL Speisestärke

Für die Limoncino-Creme:
150 g weiße Schokolade I 50 g weiche Butter I 100 g Puderzucker I 3–4 EL Limoncino I 200 g Crème fraîche I abger. Schale von 1 Bio-Zitrone

Zum Tränken:
5 EL Orangensaft I 4 EL Limoncino

Für die Verzierung:
100 g gemahlene, geröstete Haselnüsse I 200 g Schlagsahne I 1 Pck. Sahnesteif I 1 Pck. Vanillezucker I 3 EL bunte Crispies I Schokodekor I Zuckerblumen

Zubereitung:

1. Für den Teig Eier schaumig schlagen. Zucker, Vanillezucker und Zitronenschale mischen, unter ständigem Rühren einstreuen und etwa 2 Minuten weiterschlagen. Mehl mit Backpulver und Speisestärke mischen und kurz auf niedrigster Stufe unterrühren.
2. Die Backform mit Backpapier auslegen und dünn einfetten. Den Teig hineingeben und glatt streichen. Im vorgeheizten Backofen bei 200 °C Ober-/Unterhitze etwa 8 Minuten backen.
3. Den Boden herausnehmen, etwas abkühlen lassen, stürzen und das Papier entfernen.
4. Für die Creme weiße Schokolade zerkleinern und im heißen Wasserbad schmelzen. Weiche Butter, Puderzucker, Limoncino und Crème fraîche aufschlagen. Zitronenschale und abgekühlte Schokolade dazugeben und alles gut verrühren. Im Kühlschrank etwas fest werden lassen.
5. Zum Tränken Orangensaft und Limoncino mischen.
6. Aus dem Biskuit 18 Kreise ausstechen. Die Creme aus dem Kühlschrank nehmen und die Törtchen zubereiten. Dafür pro Törtchen die Creme großzügig auf einen Biskuitkreis streichen. Den zweiten Kreis auflegen, tränken und mit Creme bestreichen. Dann den dritten Biskuitkreis auflegen und leicht zusammendrücken. Das ganze Törtchen ringsherum mit Limoncino-Creme bestreichen und in gemahlenen und gerösteten Haselnüssen wälzen. In gleicher Weise mit den übrigen Biskuitkreisen verfahren. Die Törtchen etwa 30 Minuten kalt stellen.
7. Schlagsahne steif schlagen, dabei Sahnesteif und Vanillezucker nach und nach dazugeben. Sahne in einen Spritzbeutel mit Lochtülle füllen. Eine Rosette auf die Mitte jedes Törtchens spritzen, mit bunten Crispies, Schokodekor und Zuckerblumen verzieren und kalt stellen.

Pro Stück: 730 Kilokalorien, 8 g Eiweiß, 39 g Fett, 82 g Kohlenhydrate

Limoncino-Törtchen

Törtchen Deluxe

Backform mit hohem Rand: 25 x 37 cm

Zutaten: (für 35 Stück)

Für den Biskuit:
3 Eier | 50 g Zucker | 3–4 Tropfen Backaroma Orange | 65 g Mehl

Für die Creme:
10 Eier | 400 g Zucker | 200 ml Milch | 1 EL Mehl | 300 g weiche Butter | 2 Pck. Vanillezucker | 24 Blatt Gelatine

Für die Verzierung:
600 g Puderzucker | 180 ml Orangensaft | rote, grüne und gelbe Speisefarbe | 300 g Schlagsahne | 2 Pck. Sahnesteif | 2 Pck. Vanillezucker | Gebäckschmuck

Zubereitung:

1. Für den Biskuit Eier trennen. Eiweiß zu steifem Schnee schlagen. Zucker nach und nach zugeben und so lange weiterschlagen, bis der Eischnee glänzend ist. Verquirltes Eigelb und Backaroma zugeben. Mehl sieben und locker unterheben.
2. Die Backform mit Backpapier auslegen und dünn einfetten. Die Biskuitmasse darauf glatt streichen und im vorgeheizten Backofen bei 200 °C Ober-/Unterhitze 8–10 Minuten backen.
3. Den Biskuitboden herausnehmen, stürzen und das Backpapier entfernen. Auskühlen lassen.
4. Für die Creme Eier trennen. Eigelb und 200 g Zucker schaumig rühren. Milch dazugeben und alles gut vermischen. Mehl hinzufügen und alles gut verrühren. Die Masse unter Rühren zum Kochen bringen, sie darf dabei nicht anbrennen. Die Eiermasse abkühlen lassen. Weiche Butter schaumig schlagen und mit Vanillezucker zur kalten Eiermasse geben. Alles mit dem Handmixer aufschlagen.
5. Gelatine nach Packungsanweisung einweichen.
6. Eiweiß mit 200 g Zucker zu sehr steifem Schnee schlagen. Die eingeweichte Gelatine leicht ausdrücken und im warmen Wasserbad unter Rühren auflösen. Etwas Eischnee unter die Gelatine rühren, dann restlichen Eischnee zugeben und unterrühren. Kalte Eiermasse dazugeben und alles gut verrühren. Die Creme auf den kalten Biskuitboden streichen und 4–5 Stunden in den Kühlschrank stellen. Danach vorsichtig in kleine Vierecke (etwa 5 x 5 cm) schneiden.
7. Puderzucker mit Orangensaft gut verrühren, in Schälchen verteilen und mit Speisefarbe rot, grün und gelb einfärben. Die Petit Fours damit verzieren. Trocknen lassen.
8. Schlagsahne steif schlagen, dabei Sahnesteif und Vanillezucker nach und nach dazugeben. Sahne in einen Spritzbeutel mit Lochtülle füllen und Tupfen auf die Petit Fours spritzen. Mit buntem Gebäckschmuck dekorieren.

Pro Stück: 260 Kilokalorien, 4 g Eiweiß, 12 g Fett, 33 g Kohlenhydrate

Heidelbeer-Pfirsich-Törtchen

Backform: 25 x 37 cm, 9 Dessertringe (Ø 7 cm)

Zutaten: (für 9 Stück)

Für den Pfirsichteig:
1 Ei I 25 g Zucker I 25 g weiche Butter I 50 g Mehl I 1 TL Backpulver I 50 g „Joghurt-/Pfirsich-/Aprikose"-Schokolade

Zum Tränken:
ca. 100 ml Pfirsichnektar I 3 EL Pfirsichlikör

Für die Heidelbeercreme:
6 Blatt Gelatine I 3 Eiweiß I 150 g Zucker I 6 EL Heidelbeerkonfitüre

Für die Verzierung:
2 Pck. lila Muffinglasur (à 170 g) I 5–6 große Pfirsiche I 200 g Heidelbeeren

Zubereitung:

1. Für den Teig Ei und Zucker cremig schlagen. Weiche Butter dazugeben und alles gut verrühren. Mehl und Backpulver mischen, sieben und zur Ei-Zucker-Masse hinzufügen. Schokolade zerkleinern und dazugeben. Alles zu einem glatten Teig verrühren.
2. Die Backform mit Backpapier auslegen und dünn einfetten. Den Teig auf der Hälfte der Backform glatt streichen und in dem vorgeheizten Backofen bei 200 °C Ober-/Unterhitze etwa 8 Minuten backen.
3. Den Teig etwas auskühlen lassen. 9 Dessertringe in den Teig stechen und darin stecken lassen.
4. Pfirsichnektar und -likör mischen und den Tortenboden in den Dessertringen damit tränken.
5. Gelatine nach Packungsanweisung einweichen.
6. Eiweiß und Zucker sehr steif schlagen, bis die Masse glänzt.
7. Gelatine leicht ausdrücken und in einem heißen Wasserbad auflösen. Etwas Ei-Zucker-Masse zur Gelatine geben und mit einem Schneebesen unter die Gelatine rühren, dann den Rest der Ei-Zucker-Masse hinzufügen und langsam einrühren. Heidelbeerkonfitüre dazugeben und unterrühren.
8. Die Heidelbeercreme in den Dessertringen auf dem getränkten Tortenboden verteilen und 30 Minuten in den Kühlschrank stellen.
9. Die Dessertringe vorsichtig hochziehen. Muffinglasur auf die Törtchen geben. Etwas antrocknen lassen.
10. Pfirsiche und Heidelbeeren waschen und vorsichtig trocken tupfen. Pfirsiche halbieren, die Kerne entfernen. Das Fruchtfleisch feinblättrig schneiden und auf das Törtchen legen. Mit Heidelbeeren verzieren. Nach Wunsch mit etwas Zucker bestreuen.

Pro Stück: 410 Kilokalorien, 5 g Eiweiß, 5 g Fett, 83 g Kohlenhydrate

Heidelbeer-Pfirsich-Törtchen

Rumtörtchen

Backform mit hohem Rand: 25 x 37 cm, Backrahmen

Zutaten: (für ca. 30 Stück)

Für den Kakaoteig:
200 g Mehl | 1 TL Hirschhornsalz | 50 g Butter | 50 g Zucker | 1 Ei | 1 EL Kakao |
3 EL saure Sahne

Für den Eischwerteig:
5 Eier | 5 Eischwerzucker | 5 Eischwermehl

Zum Tränken:
300–400 ml Milch | 4 EL Rum

Außerdem:
1 Pck. Cremepulver Vanillegeschmack | 250 ml Milch | 250 g Butter |
200–250 g dunkle Kuchenglasur

Zubereitung:

1. Für den Kakaoteig das Mehl in eine Schüssel geben. Hirschhornsalz in 1 EL Wasser auflösen und zum Mehl geben. Butter, Zucker, Ei, Kakao und saure Sahne zufügen. Alles mit den Händen zu einem weichen Teig verkneten.
2. Die Backform umdrehen und gut fetten (so gleitet der gebackene Boden problemlos auf das Brett). Den Teig halbieren. Jeweils auf der bemehlten Arbeitsfläche in Größe der Backform ausrollen. Eine Teigplatte vorsichtig auf die Backform legen. Im vorgeheizten Backofen bei 180 °C Ober-/Unterhitze etwa 8 Minuten backen. Herausnehmen und vorsichtig auf das mit Backpapier ausgelegte Arbeitsbrett gleiten lassen. Zweite Teigplatte backen. Herausnehmen und auskühlen lassen.
3. Für den Eischwerteig 5 Eier wiegen. Dann die gleiche Menge in Gramm an Zucker und Mehl nehmen. Eier und Zucker 30–45 Minuten schaumig rühren. Das gesiebte Mehl und 5 EL Wasser dazugeben und gut verrühren. Das Backblech innen gut einfetten und den Teig einfüllen. Bei 180 °C Ober-/Unterhitze 35–40 Minuten backen. Auskühlen lassen und herausnehmen.
4. Milch und Rum verrühren und den Tortenboden gleichmäßig mit Rum-Milch tränken.
5. Cremepulver mit Milch und Butter nach Packungsanweisung zubereiten.
6. Eine Kakaoplatte auf die saubere Arbeitsfläche legen, einen Backrahmen darumstellen. Die Hälfte der Tortencreme daraufstreichen, den getränkten Eischwerboden darauflegen. Mit Tortencreme bestreichen und den zweiten Kakaoboden auflegen.Etwas andrücken. Die Kuchenglasur im warmen Wasserbad schmelzen und dünn auf der Kuchenoberfläche verteilen.
7. Den Kuchen am besten über Nacht zugedeckt ziehen lassen. Den Backrahmen entfernen und den Kuchen mit einem scharfen Messer schräg in Stücke schneiden.
8. Die Rumtörtchen schön auf einem Teller anrichten und servieren.

Pro Stück: 250 Kilokalorien, 5 g Eiweiß, 12 g Fett, 30 g Kohlenhydrate

Tipp

Sollte etwas übrig bleiben, die Törtchen auf einen Teller legen, mit Frischhaltefolie abdecken und in den Kühlschrank stellen. Dort bleiben sie etwa 3 Tage frisch.

Nuss-Sahne-Törtchen

Nuss-Sahne-Törtchen

Backform mit hohem Rand: 25 x 37 cm, Backrahmen: 25 x 37 cm

Zutaten: (für 25–30 Stück)

Für den Teig:
400 g Mehl | 1 Pck. Backpulver | 250 g weiche Butter | 1 TL Natron | 200 g Zucker |
4 Eigelb | 1 EL Schmand

Für den Nussbelag:
4 Eiweiß | 150 g Puderzucker | 300 g grob gehackte Walnüsse | 1 Pck. Zitronenschale

Für die Trüffelcreme:
400 g Crème double | 400 g weiße Schokolade | 240 g Doppelrahmfrischkäse

Für die Verzierung:
400 g Schlagsahne | 2 Pck. Sahnesteif | 2 Pck. Vanillezucker | rote Speisefarbe |
100 g Kokosraspel | feine Dekorblüten aus Esspapier | grüne Zuckerblättchen

Zubereitung:

1. Für den Teig Mehl mit Backpulver mischen und sieben. Restliche Zutaten hinzufügen. Alles zu einem glatten Teig verkneten.
2. Für den Nussbelag Eiweiß mit Puderzucker steif schlagen. Gehackte Walnüsse und Zitronenschale zur Eiweißmasse hinzufügen und gut verrühren. Die Backform mit Backpapier belegen. Den Teig halbieren. Eine Hälfte in Größe der Backform ausrollen und darauflegen. Den Teig mit der Hälfte des Nussbelags bestreichen und im vorgeheizten Backofen bei 190 °C Ober-/Unterhitze etwa 15 Minuten backen. Die zweite Teighälfte in gleicher Weise backen und auskühlen lassen.
3. Für die Trüffelcreme Crème double in einem Topf vorsichtig aufkochen. Weiße Schokolade hacken, hinzufügen und schmelzen lassen, dabei stets umrühren. Auskühlen lassen und den Doppelrahmfrischkäse dazugeben. Alles gut vermengen.
4. Den Tortenboden mit dem Nussbelag nach oben auf ein mit Backpapier belegtes Holzbrett legen. Einen Backrahmen (25 x 37 cm) darumstellen und die Hälfte der Trüffelcreme daraufstreichen. Den zweiten Tortenboden mit dem Nussbelag nach unten darauflegen und mit der restlichen Trüffelcreme bestreichen. 1–2 Stunden kalt stellen.
5. Den Backrahmen entfernen und das Gebäck in 25–30 Stücke schneiden.
6. Schlagsahne mit Sahnesteif und Vanillezucker steif schlagen. Mit ein paar Tropfen roter Speisefarbe rosa färben. Die Törtchen ringsum mit Sahne bestreichen und mit Kokosraspeln bestreuen. Mit Dekorblüten und Zuckerblättchen ausschmücken.

Pro Stück: 480 Kilokalorien, 7 g Eiweiß, 35 g Fett, 35 g Kohlenhydrate

Kiwi-Erdbeer-Törtchen

Backblech: 30 x 40 cm, 12 Dessertringe (Ø 8 cm), 12 Dessertringe (Ø 6 cm)

Zutaten: (für 12 Stück)

Für den Teig:
3 Eier | 75 g Zucker | 75 g weiche Butter | abger. Schale von 1 Bio-Zitrone | 150 g Mehl | 1 Pck. Backpulver

Für die Creme:
8 Blatt Gelatine | 2 Pck. Puddingpulver Erdbeergeschmack | 80 g Zucker | 1 l Milch

Für die Verzierung:
200–250 g Erdbeeren | 4–5 Kiwis | 1 Pck. roter Tortenguss | 30 g Zucker | 200 g weiße Schokolade | bunter Zucker (rot, gelb, grün) | Zuckerperlen (Silber und Gold) | 3 kandierte Kirschen (klein gehackt) | Blattgold

Zubereitung:
1. Für den Teig Eier und Zucker cremig schlagen. Sehr weiche Butter und Zitronenschale dazugeben und alles gut verrühren. Mehl und Backpulver mischen, sieben und zur Ei-Zucker-Masse hinzufügen. Alles zu einem glatten Teig verrühren.
2. Das Backblech mit Backpapier auslegen. Den Teig daraufgeben und glatt streichen. Im vorgeheizten Backofen bei 200 °C Ober-/Unterhitze etwa 8 Minuten backen.
3. Den Boden herausnehmen und abkühlen lassen. Aus dem Teig mit den Dessertringen (Ø 8 cm) 12 Kreise ausstechen und die Förmchen stecken lassen.
4. Für die Creme Gelatine nach Packungsanweisung einweichen.
5. Puddingpulver mit Zucker mischen und mit mindestens ⅛ l Milch glatt rühren. Übrige Milch aufkochen, von der Kochstelle nehmen und das angerührte Pulver einrühren. Den Pudding unter ständigem Rühren mindestens 1 Minute kochen.
6. Eingeweichte Gelatine leicht ausdrücken, zum heißen Pudding geben und so lange rühren, bis sie vollständig aufgelöst ist. Warmen Pudding in die Dessertringe auf den Teig geben, glatt streichen und etwa 30 Minuten kalt stellen.
7. Erdbeeren waschen, putzen und trocken tupfen. Kiwis schälen. Die Früchte in dünne Scheiben schneiden. Die Törtchen mit den Früchten belegen.
8. Für den Tortenguss den Inhalt des Beutels mit Zucker mischen und mit ¼ l kaltem Wasser glatt rühren. Die Flüssigkeit unter ständigem Rühren aufkochen und etwa 1 Minute abkühlen lassen. Dann löffelweise auf die Früchte geben und erneut kalt stellen.

9. Weiße Schokolade fein hacken und im heißen Wasserbad schmelzen. Auf ein Brettchen 12 Dessertringe (Ø 6 cm) stellen und die heiße Schokolade hineingießen. Sofort mit buntem Zucker, Zuckerperlen und kandierten Kirschen bestreuen und fest werden lassen.
10. Vor dem Servieren die Törtchen vorsichtig aus den Dessertringen lösen und mit bunter Schokolade und Blattgold verzieren.

Pro Stück: 370 Kilokalorien, 8 g Eiweiß, 15 g Fett, 50 g Kohlenhydrate

Bunte Murmeln

Bunte Murmeln

Ausstecher (Ø 4 cm), Backblech: 30 x 40 cm, Muffinförmchen aus Papier

Zutaten: (für 25 Stück)

Für den Teig:
250 g Mehl | 70 g Zucker | 1 Pck. Orangeback | 2 Eigelb | 150 g Butter

Für die Amarettocreme:
150 g Vollmilchschokolade | 25 g weiche Butter | 50 g Puderzucker | 100 g Mascarpone | 1 EL Amaretto (Mandellikör)

Außerdem:
300 g dunkle Kuchenglasur | 100 g Kokosraspel | 3–4 EL bunte Zuckerstreusel

Zubereitung:

1. Mehl, Zucker, Orangeback, Eigelb und Butter in Flöckchen in eine Rührschüssel geben. Alles rasch zu einem glatten Teig verkneten, in Frischhaltefolie wickeln und 1 Stunde in den Kühlschrank stellen.
2. Für die Amarettocreme die Vollmilchschokolade hacken und in einem warmen Wasserbad schmelzen. Weiche Butter, Puderzucker und Mascarpone aufschlagen. Amaretto dazugeben, die Masse gut verrühren und kalt stellen.
3. Den Teig zwischen 2 Lagen bemehlter Folie etwa ½ cm dick ausrollen. Aus dem Teig mit einem Ausstecher (Ø 4 cm) Kreise ausstechen. Diese auf ein mit Backpapier ausgelegtes Backblech legen und im vorgeheizten Backofen bei 180 °C Ober-/Unterhitze 10–15 Minuten backen. Auskühlen lassen.
4. Die Amarettocreme dick auf die Teigkreise streichen und je 2 Kreise zusammensetzen.
5. Die Glasur im warmen Wasserbad schmelzen und die Törtchen mit flüssiger Glasur überziehen. Etwas antrocknen lassen. Kokosraspel und bunte Zuckerstreusel vermischen und die glasierten Törtchen damit bestreuen. Die bunten Murmeln sofort in die Muffinförmchen setzen und die Glasur fest werden lassen.

Pro Stück: 260 Kilokalorien, 3 g Eiweiß, 17 g Fett, 24 g Kohlenhydrate

Muscheln

Backblech: 30 x 40 cm

Zutaten: (für 20 Stück)

Für den Teig:
150 g weiche Butter | 4 Eier | 200 g Zucker | abger. Schale von 1 Bio-Zitrone | 1–2 Tropfen Backaroma Zitrone | 400 g Mehl

Für die rosa Glasur:
200 g Puderzucker | 1 Eiweiß | 1–2 EL Zitronensaft | rote Speisefarbe

Außerdem:
je 2 Tuben Glitzerschrift (pink und violett) | roter und blauer Dekorzucker | Zuckerperlen (Silber)

Für die Vanillecreme:
300 g kalte Milch | 250 g weiche Butter | 1 Pck. Tortencreme Vanille | blaue Speisefarbe

Zubereitung:

1. Für den Teig weiche Butter schaumig schlagen. Eier und Zucker dazugeben und weitere 10 Minuten schlagen. Zitronenschale, Backaroma und das Mehl hinzugeben und alles zu einem Teig verrühren.
2. Das Backblech mit Backpapier auslegen und dünn einfetten. Mithilfe von 2 TL 40 walnussgroße Teighäufchen auf das Backblech legen. Die Teighäufchen nicht zu dicht zueinanderlegen, da sie sich beim Backen etwas vergrößern. Im vorgeheizten Backofen bei 190 °C Ober-/Unterhitze etwa 15 Minuten backen. Auskühlen lassen.
3. Für die rosa Glasur Puderzucker und Eiweiß gut vermischen. Zitronensaft dazugeben und alles zu einer glatten glänzenden Glasur verrühren. Dann mit der roten Speisefarbe hellrosa färben.
4. Die Hälfte des Gebäcks zur Seite stellen. Die andere Hälfte mit rosa Glasur anmalen. Solange die Glasur noch nicht ganz trocken ist, mit Glitzerschrift dünne Streifen von oben, an einem Punkt beginnend, nach unten ziehen. Sofort mit rotem Dekorzucker bestreuen. Trocknen lassen.
5. Für die Vanillecreme kalte Milch, weiche Butter und Tortencremepulver aufschlagen, mit ein paar Tropfen Speisefarbe hellblau einfärben. Die Creme in einen Spritzbeutel mit Sterntülle füllen. Die andere Hälfte der Muscheln umdrehen und die Vanillecreme wellenartig daraufspritzen. In die Mitte noch einen Tupfen setzen. Den blauen Dekorzucker auf die Creme streuen.
6. Jetzt vorsichtig das rosa „Deckelchen" auflegen. Nicht runterdrücken! Die Muschel soll „geöffnet" sein und ihren Schatz zeigen! Der Schatz ist die Silberperle, die Sie sichtbar in die blaue Creme etwas eindrücken.

Pro Stück: 330 Kilokalorien, 4 g Eiweiß, 19 g Fett, 36 g Kohlenhydrate

Muscheln

→ Muscheln

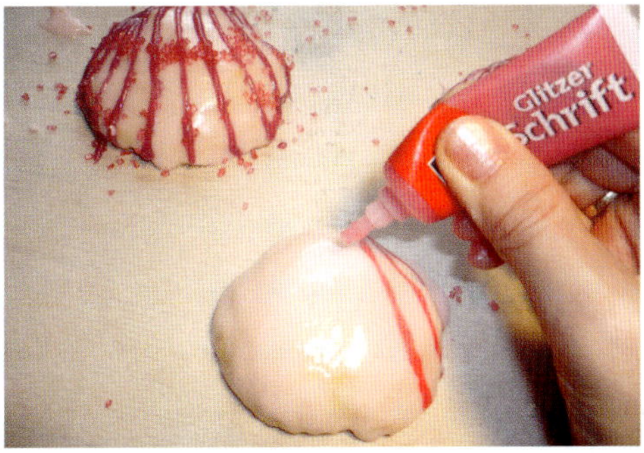

Aranca-Melonen-Törtchen

Aranca-Melonen-Törtchen

Backblech: 30 x 40 cm

Zutaten: (für ca. 25 Stück)

Für den Teig:
6 Eier | 150 g Zucker | 150 g Butter | 300 g Mehl | 1 ½ Pck. Backpulver |
2 EL frisch geriebener Ingwer

Für die Aranca-Creme:
24 Blatt Gelatine | 2 Pck. Aranca (Aprikose Maracuja Geschmack) |
300 g Vollmilchjoghurt (3,5% Fett)

Für die Verzierung:
1 Honigmelone | 1 Cantaloupe-Melone | 1 Pck. klarer Tortenguss | 2 EL Zucker |
250 ml Wasser

Zubereitung:
1. Für den Teig Eier und Zucker schaumig rühren. Dann die zerlassene, aber auf keinen Fall heiße Butter hinzufügen und alles gut verrühren. Mehl mit Backpulver mischen und dazugeben. Ingwer zur Masse geben und alles gut vermengen.
2. Das Backblech mit Backpapier auslegen und dünn einfetten. Den Teig daraufgeben und glatt streichen. Im vorgeheizten Backofen bei 190 °C Ober-/Unterhitze 25–30 Minuten backen. Auskühlen lassen.
3. Für die Creme Gelatine nach Packungsanweisung einweichen.
4. 400 ml kaltes Wasser in eine Rührschüssel geben. Aranca-Pulver hinzufügen und mit einem Handrührgerät 3 Minuten lang schaumig schlagen. Joghurt mit dem Handrührgerät auf niedrigster Stufe kurz unterrühren.
5. Gelatine leicht ausdrücken und im warmen Wasserbad unter Rühren auflösen. Die Aranca-Creme nach und nach unter ständigem Rühren zur Gelatine geben. Die Creme auf dem kalten Tortenboden verteilen und kalt stellen.
6. Aus dem Melonenfleisch kleine Kügelchen ausstechen.
7. Für den Tortenguss den Inhalt des Beutels mit Zucker mischen und mit kaltem Wasser glatt rühren. Die Flüssigkeit unter Rühren zum Kochen bringen. Den Tortenguss etwa 1 Minute abkühlen lassen.
8. Die Melonenkügelchen auf die Aranca-Creme geben und den heißen Tortenguss mithilfe eines Pinsels auf dem Obst verteilen. Die Torte 2–3 Stunden kalt stellen und dann in Stücke schneiden.

Pro Stück: 180 Kilokalorien, 5 g Eiweiß, 7 g Fett, 23 g Kohlenhydrate

Zitronen-Nuss-Törtchen

Backblech: 30 x 40 cm

Zutaten: (für 25 Stück)

Für den Teig:
175 g weiche Butter I 175 g brauner Zucker I 3 Eier, verquirlt I 3 EL Amaretto I 50 g gemahlene Mandeln I 175 g Mehl I 1 Prise Salz I 1 ¾ TL Backpulver I 30 g Kakaopulver I 3–4 Tropfen Backaroma Butter-Vanille

Für die Zitronenmousse:
6 Blatt Gelatine I 2 Eier I 50 g Zucker I 200 ml Zitronensaft I abger. Schale von 1 Bio-Zitrone I 300 g Crème double

Außerdem:
50 g gehobelte, geröstete Mandeln I Puderzucker oder Kakao

Zubereitung:
1. Für den Teig Butter und Zucker schaumig rühren. Dann die Eier nach und nach dazugeben. Alles gut verrühren. Die übrigen Zutaten zugeben und alles zu einem glatten Teig vermengen. Der Teig sollte zähflüssig sein. Falls nötig, 8–10 EL kalten Espresso oder Kaffee dazugeben.
2. Das Backblech mit Backpapier auslegen und dünn einfetten. Den Teig daraufgeben und glatt streichen. Im vorgeheizten Backofen bei 180 °C Ober-/Unterhitze 20–25 Minuten backen. Auskühlen lassen.
3. Für die Zitronenmousse Gelatine nach Packungsanweisung einweichen.
4. Eier trennen. Eigelb mit Zucker schaumig schlagen. Zitronensaft und -schale einrühren.
5. Gelatine leicht ausdrücken und im warmen Wasserbad unter Rühren auflösen. Etwas Zitronenmousse unterrühren, dann den Rest zur Gelatine geben und gut verrühren.
6. Die Crème double steif schlagen und unter die Zitronenmousse heben. Eiweiß steif schlagen und ebenfalls unterheben.
7. Die Zitronenmousse auf dem Schokoboden glatt streichen und fest werden lassen. Danach in 25 Stücke schneiden. Mit gerösteten Mandeln belegen und je nach Geschmack entweder mit Puderzucker oder Kakao bestäuben.

Pro Stück: 230 Kilokalorien, 3 g Eiweiß, 16 g Fett, 16 g Kohlenhydrate

Zitronen-Nuss-Törtchen

Schokotörtchen mit Goldkrone

Schokotörtchen mit Goldkrone

Backform mit hohem Rand : 25 x 37 cm, Backrahmen
(für ca. 15 Stück)

Zutaten:

Für die Schoko-Mandel-Creme:
6 Blatt weiße Gelatine | ½ l Milch | 3 EL Zucker | 1 Pck. Schoko-Mandel-Pudding

Für den Mandel-Schmandteig:
50 g weiche Butter | 70 g Zucker | 1 Pck. Vanillezucker | 2 Eier | 100 g Schmand | 100 g gehackte Mandeln (geröstet) | 150 g Mehl | 1 TL Backpulver

Für die Goldkronen:
150 g Zucker

Zubereitung:

1. Für die Schoko-Mandel-Creme Gelatine nach Packungsanweisung einweichen. Aus Milch, Zucker und Puddingpulver einen Pudding kochen, die ausgedrückte Gelatine zugeben und unter Rühren darin auflösen. Beiseitestellen und abkühlen lassen.
2. Für den Teig Butter schaumig rühren. Zucker und Vanillezucker hinzufügen und weiter schlagen, bis die Masse cremig ist. Eier, Schmand und geröstete Mandeln unterrühren. Mehl mit Backpulver mischen und sieben, zum Teig geben und alles gut vermengen.
3. Die Backform mit Backpapier auslegen und fetten. Den Teig auf die Hälfte der Backform geben und glatt streichen. Im vorgeheizten Backofen bei 180 °C Ober-/Unterhitze 17–20 Minuten backen.
4. Den Tortenboden herausnehmen, abkühlen lassen und quer halbieren. Auf eine Arbeitsplatte legen und Backrahmen darumstellen. Die Hälfte der Schoko-Mandel-Creme daraufstreichen. Die zweite Hälfte des Tortenbodens daraufsetzen und etwas andrücken. Die restliche Creme daraufgeben und glatt streichen. 1 Stunde kalt stellen.
5. Für die „Goldkronen“ ein Stück Alufolie mit etwas Öl bestreichen. Zucker in einem Topf hellbraun karamellisieren. Mit einem Esslöffel bizarre Gebilde auf die Folie geben und fest werden lassen.
6. Die Torte aus dem Kühlschrank nehmen und den Backrahmen entfernen. Die Tortenplatte in 15 kleine Törtchen schneiden und mit „Goldkrönchen“ verzieren.

Pro Stück: 250 Kilokalorien, 6 g Eiweiß, 12 g Fett, 31 g Kohlenhydrate

Weißweintörtchen mit Maracuja

Backblech: 30 x 40 cm, bunte Muffinförmchen aus Papier

Zutaten: (für ca. 6 Stück)

Für die Weißweincreme:
12 Blatt weiße Gelatine | 1 Bio-Zitrone | 2 Eier | 50 g Zucker | 1/8 l Weißwein | 5 Maracujas | 100 g Schlagsahne

Für den Biskuit:
5 Eier | 150 g Zucker | 2–3 Tropfen Backaroma Zitrone | 125 g Mehl

Für die Verzierung:
500 g Schlagsahne | 2 Pck. Sahnesteif | 2 Pck. Vanillezucker | 1–2 EL Puderzucker

Zubereitung:

1. Für die Creme Gelatine nach Packungsanweisung einweichen. Zitrone heiß waschen und trocken reiben. Zitronenschale abreiben, Saft auspressen.
2. Eier trennen. Eigelb mit Zucker, Zitronenschale, Weißwein und Zitronensaft verrühren und aufkochen. Den Topf vom Herd nehmen, die ausgedrückte Gelatine zugeben und unter Rühren darin auflösen.
3. Maracujas halbieren, mit einem Löffel das Fruchtfleisch herauskratzen und zur Weincreme geben. Alles gut verrühren und abkühlen lassen.
4. Eiweiß steif schlagen und zur Creme geben. Alles gut vermengen und 1 Stunde kalt stellen.
5. Für den Biskuit Eier trennen. Eiweiß zu steifem Schnee schlagen. Zucker nach und nach zugeben und so lange weiter schlagen, bis der Eischnee glänzend ist. Die verquirlten Eigelbe und Backaroma dazugeben. Zuletzt das gesiebte Mehl locker unterheben.
6. Das Backblech fetten und mit Backpapier auslegen. Die Biskuitmasse darauf streichen. Im vorgeheizten Backofen bei 200 °C Ober-/Unterhitze 8–10 Minuten backen.
7. Biskuit sofort auf ein feuchtes Küchentuch stürzen. Papier abziehen und den Biskuit von der breiten Seite her rasch aufrollen und im Küchentuch auskühlen lassen.
8. Schlagsahne mit Sahnesteif und Vanillezucker steif schlagen. Die fest gewordene Maracuja-Weincreme aus dem Kühlschrank nehmen und die Schlagsahne unterheben. Die ausgekühlte Biskuitroulade mit Weißweincreme bestreichen und wieder fest aufrollen. In Alufolie einwickeln und 1 Stunde kalt stellen.
9. Die Biskuitroulade aus dem Kühlschrank nehmen, Alufolie entfernen und den Biskuit in 6 Stücke schneiden. Mit Puderzucker bestäuben und in bunte Muffinförmchen aus Papier setzen. Die Törtchen zum Weißwein servieren.

Pro Stück: 680 Kilokalorien, 17 g Eiweiß, 37 g Fett, 65 g Kohlenhydrate

Weißweintörtchen mit Maracuja

Chamallows-Haselnuss-Törtchen

Backform mit hohem Rand: 25 x 37 cm, Backrahmen: 25 x 37 cm

Zutaten: (für 25–30 Stück)

Für den Teig:
3 Eier | 75 g Zucker | 75 g weiche Butter | 4–5 Tropfen Backaroma Bittermandel | 150 g Mehl | 1 Pck. Backpulver

Für die Chamallows-Haselnuss-Creme:
8 Eier | 300 g Zucker | 150 ml Milch | 1 EL Mehl | 220 g weiche Butter | 2 Pck. Vanillezucker | 12 Blatt Gelatine | 300 g Zartbitterschokolade | 150 g Chamallows Cocoballs (Schaumzuckerware) | 4–6 EL Kaffeelikör | 150 g gehackte, geröstete Haselnüsse

Für die Verzierung:
25–30 Haselnusspralinen in Vollmilchschokolade | Blattgold (nach Belieben) | 25–30 Schokoladenstäbchen | 25–30 Physalis

Zubereitung:
1. Für den Teig Eier und Zucker cremig schlagen. Sehr weiche Butter und Backaroma dazugeben und alles gut verrühren. Mehl und Backpulver mischen, sieben und zur Ei-Zucker-Masse hinzufügen. Alles zu einem glatten Teig verrühren.
2. Die Backform mit Backpapier auslegen und dünn einfetten. Den Teig daraufgeben und glatt streichen. Im vorgeheizten Backofen bei 200 °C Ober-/Unterhitze etwa 10 Minuten backen. Auskühlen lassen.
3. Gebackenen Boden aus der Form stürzen, das Papier entfernen und einen Backrahmen herumstellen.
4. Für die Creme die Eier trennen. Eigelb und 150 g Zucker schaumig rühren. Milch unterrühren. Danach das Mehl hinzufügen und alles gut vermengen. Die Masse unter Rühren zum Kochen bringen, sie darf nicht anbrennen. Die Eiermasse abkühlen lassen.
5. Weiche Butter schaumig schlagen und mit Vanillezucker zur kalten Eiermasse geben. Alles gut aufschlagen.
6. Gelatine nach Packungsanweisung einweichen. Schokolade hacken, im heißen Wasserbad schmelzen und abkühlen. Chamallows Cocoballs klein schneiden.
7. Eiweiß mit 150 g Zucker zu sehr steifem Schnee schlagen. Die eingeweichte Gelatine leicht ausdrücken und im heißen Wasserbad auflösen. Zur Seite stellen und sofort den Eischnee nach und nach unter ständigem Rühren zur Gelatine hinzufügen. Dann die kalte Eiermasse dazugeben und alles gut verrühren. Zum Schluss Kaffeelikör, Haselnüsse und Chamallows Cocoballs hinzufügen und alles gut verrühren. Die Creme auf den kalten Rührteigboden streichen und 4–5 Stunden in den Kühlschrank stellen.
8. Den Backrahmen entfernen und die Torte vorsichtig in kleine Vierecke (5 x 5 cm) schneiden. Die Törtchen mit Haselnusspralinen, Blattgold, Schokoladenstäbchen und Physalis verzieren und servieren.

Pro Stück: 380 Kilokalorien, 7 g Eiweiß, 22 g Fett, 40 g Kohlenhydrate

Chamallows-Haselnuss-Törtchen

Anhang

Alphabetisches Rezeptregister

Kurzbiografie Irina Frank

Irina Frank wurde 1970 in Malinovka (Kasachstan) geboren und wohnt heute in Gaildorf bei Stuttgart. Sie studierte an der Kokshetauer Pädagogischen Hochschule in Kasachstan Germanistik und übernahm dort im Rahmen einiger Projekte mit Kindern und Jugendlichen neben Bühnengestaltung, Kostümentwürfen und Konzertprogrammen auch die Organisation und Durchführung von gemeinsamen Backstunden. Dabei kam sie sprichwörtlich auf den Geschmack. Sie backt mit viel Freude, besonders gerne außergewöhnliche Torten und Kuchen, und geht mit Leidenschaft daran, neue Kreationen auszudenken und zu probieren. 2011 erschien ihr erstes Backbuch, *Süße Schatulle*, das in den Medien und in der Fachwelt großen Anklang fand.

Adolf Andersen
TRAUMHAFTE TORTEN

128 Seiten, farbig, Klappenbroschur
ISBN 978-3-8404-7008-0

BACKOFENTRÄUME

128 Seiten, farbig, gebunden
ISBN 978-3-8404-3514-0

VERFÜHRERISCHE NACHSPEISEN

144 Seiten, farbig, gebunden
ISBN 978-3-8404-3513-3

TORTENTRÄUME AUS LAND- & HOFCAFÉS

176 Seiten, farbig, gebunden
ISBN 978-3-86127-893-1

CADMOS

Cadmos Verlag GmbH · Möllner Straße 47 · 21493 Schwarzenbek
Telefon 04151 87 90 70 · Fax 04151 87 90 7-12
Besuchen Sie uns im Internet: **www.cadmos.de**